国家出版基金项目
NATIONAL PUBLICATION FOUNDATION

中國歷代社會研究

[日]駒井和愛 等◎著
楊 鍊◎譯

山西出版傳媒集團
山西人民出版社

圖書在版編目(CIP)數據

中國歷代社會研究 / [日]駒井和愛 等著；楊錬譯. —太原：山西人民出版社，2015.9
(近代海外漢學名著叢刊 / 鄭培凱主編)
ISBN 978-7-203-09046-5

Ⅰ. ①中… Ⅱ. ①駒… ②楊… Ⅲ. ①社會史－研究－中國－古代 Ⅳ. ①K220.7

中國版本圖書館 CIP 數據核字(2015)第 202490 號

中國歷代社會研究

叢刊主編　鄭培凱
著　　者　[日]駒井和愛 等
譯　　者　楊　錬
責任編輯　王新斐

出 版 者　山西出版傳媒集團·山西人民出版社
地　　址　太原市建設南路21號
郵　　編　030012
發行營銷　0351-4922220　4955996　4956039
　　　　　0351-4922127(傳真)
天猫官網　http://sxrmcbs.tmall.com　0351-4922159(電話)
E-mail　sxskcb@163.com　發行部
　　　　　sxskcb@126.com　總編室
網　　址　www.sxskcb.com

經 銷 者　山西出版傳媒集團·山西人民出版社
承 印 廠　山西出版傳媒集團·山西人民印刷有限責任公司

開　　本　700mm×970mm　1/16
印　　張　15.75
字　　數　115千字
印　　數　1—2000冊
版　　次　2015年9月　第1版
印　　次　2015年9月　第1次印刷
書　　號　ISBN 978-7-203-09046-5
定　　價　47.00圓

近代海外漢學名著叢刊編委會名單

出版説明

近代海外漢學名著叢刊選取一九四九年以後未再刊行之近代海外漢學作品，編例如次：

一、本叢書遴選之作品在相關學術領域具有一定的代表性，在學術研究方嚮、方法上獨具特色。

二、爲避免重新排印時出錯，本叢書原本原貌影印出版。影印之底本皆經專家組審定，原書字體大小、排版格式均未做大的改變。

三、爲使叢書體例一致，本叢書前言、後記均采用繁體字排版。

四、個別頁碼較少的版本，爲方便裝幀和閲讀，進行了合訂。

五、少數作品有個別破損之處，編者以不改變版本内容爲前提，部分進行修補，難以修復之處保留缺損原狀。

六、原版書中個別錯訛之處，皆照原樣影印，未做修改。

由於叢書規模較大，不足之處，在所難免，殷切期待方家指正。

總序／温故而知新

晚清以來，西力東漸，西方文化思想的著作也大量譯成中文，最著名的如嚴復與林紓的譯著，影響了整個二十世紀中國的知識界與文學界，使得中國文化的思維脈絡爲之丕變。除了西方思想經典、文學與實證科學著作的翻譯，以實證方法系統化探討中國文史的域外漢學，也對中國學術思想界産生了莫大衝擊，改變了中國學術的著述方法與取嚮。

中國傳統的知識結構，是按經史子集四庫分類的，以儒家意識形態的經學爲文化知識的砥柱，以史學爲貫串歷史經驗的殷鑒，至於子部與集部，則是作爲保存文獻、擴大知識面的附帶知識，可以耽情冥想，可以悠遊玩賞，却都是邊緣化的知識，無關聖教的弘揚，無關文化精髓的宏旨。西方文藝復興之後的現代學術體系，在知識分類上，與中國傳統大相徑庭，講究系統分科，不同知識領域各有其客觀存在的價值，有其相對獨立的目的與標準。日本知識界在明治維新以來，鑒於東方文明落後於西方的船堅炮利，率先效法西方，在追求「文明開化」、「脱亞入歐」的過程中，爲日本學術發展循着現代西方的體例，建立了哲學、文學、歷史學、經濟學、法學、商學、物理學、化學、地質學、醫學、農學、工程學、植物學、動物學等等新型學科，企圖與西方學術齊頭並進，從而影響了中國近代學術體系的發展。

本叢刊選印二十世紀上半葉出版的漢學譯著近百册，分爲三大類：「歷史文化與社會經濟」、「古典文獻與語言文字」、「中外交通與邊疆史」，反映民國時期學術界重視西方及日本漢學研究的成果，藉助他山之石，重新審視中國傳統歷史文化的意義，特別是開拓了傳統學術忽略的領域。五四新文化運動以來，中國學者如蔡元培、胡適都提倡「整理國故」，以理性實證的方法，對中國文化傳統做出系統化的研究，是與這些漢學譯著相輔相成的。這些譯著除了介紹域外漢學的成果，還引進了嶄新的學術研究方法與視角，有助於梳理中國文化傳統的脈絡，重新整合知識結構與學術體系。雖然這些學術著作不是中國學者的成就，無法納入二十世紀中國文史學術的主脈，但是從中文譯本的影響而言，起碼也應當視爲中國近代學術發展的支脈或潛流，不容忽視。可惜的是，到了二十世紀下半葉，因爲兩岸政治形勢的變化，這些漢學譯著，除了部分因王雲五重新入主臺灣商務印書館，而得以在臺灣做了少量的重印，在大陸的出版界，則完全受到遺忘，甚至在許多新成立的大學圖書館中也不見踪影。我們搜集了近百冊塵封的漢學譯著，呈現給二十一世紀的中國學術界，一方面是爲了銘記前人爲推展學術而做出的努力，另一方面也是爲了提醒新常態時期的學人，學術發展有其歷史累積的脈絡，可以從中汲取歷史經驗，温故而知新。

說到「温故知新」與這批早期漢學譯著的關係，可以從兩個方面來思考，以見翻譯域外漢學如何反映了時代精神，爲融匯東西方學術思維，重新闡釋中國文化傳承，做出不可磨滅的貢獻。一是域外漢學的研究對象，以中國歷史文化典籍爲主，屬於中西文化碰撞期間興起的「國學」範疇，與五四新文化人物提倡的「整理國故」運動若合符節。研究中國歷史文化，並賦予新的學術意義，是清末民初知識精英念茲在茲的心結。歷史發展走到一個環節，時代的狂風揚起了批判傳統的大旗，風中的英雄幫着推波助瀾，却又無時或忘自己民族文化主體的未來，糾纏於「傳統」能否「現代」的困境。域外漢學的出現，以西方實證方法研究中國歷史文化傳統，綜合東西方各種語言文字材料，擴大了研究國學的眼界，即使無法打開中國文化傳統是否走到盡頭的心結，至少是提供了一個解惑的方嚮，在大霧彌漫的夜晚，看到了依稀渺茫的星光。

二是翻譯域外漢學，有一種以子之矛攻子之盾的吊詭作用，逐漸化解了中國文化思維中的自大心理與封閉心態，讓唯我獨尊的國粹基本教義派解除武裝到牙齒的盔甲，轉而吸收並接受西方實證研究的學風。民國期間新式教育制度的推行、學術體系的變化、大學學術專業的創建，具體到北京大學國學門的成立，中央研究院規劃歷史、語言、考古的研究領域，都與翻譯域外漢學背後的旨意是息息相關的。因此，重新閲覽這批民國期間的漢學譯著，對二十一世紀的現代學人來説，温故而知新，不但可以窺知民國學人追求新知的心理狀態，也會刺激吾人反思，認真思考學術研究方法與中國學術發展的前景，更進一步，探索文化傳統的重新闡釋與新知介入的關係。知識體系的變化當然與傳統的重新闡釋有關，是外爍的影響大呢，還是內因變化的成分居多？

論語·爲政記載孔子説：「温故而知新，可以爲師矣。」歷代解經，對這個「爲師」的道理，有兩種相近似但又取嚮不同的解釋。朱熹四書集注説：「故者，舊所聞。新者，今所得。言學能時習舊聞而每有新得，則所學在我而其應不窮，故可以爲人師。若夫記問之學，則無得於心而所知有限，故學記譏其不足以爲人師，正與此意互相發也。」雖然朱熹把知識分爲「舊所聞」與「新所得」，强調的却是「學而時習之」，從中生發新的心得，也就是從詮釋舊典中得到新知。這個説法與朱熹在鵝湖之會以後，作詩唱和，寫給陸九淵的詩句，「舊學商量加邃密，新知涵養轉深沉」，异曲同工，是一個意思，萬變不離其宗，舊學與新知是同一個脈絡的知識學理。

然而，有些朱熹之前的經學家，解釋「温故知新」，却有不同的取嚮。皇侃論語義疏就説：「故，謂所學已得之事也。所學已得者則温尋之不使忘失，此是月無忘其所能也。新，謂即時所學新得者也。知新，謂日知其所亡也。若學能日知所亡，月無忘所能，此乃可爲人師也。」皇侃明確説到，「故」指的是過去所學的知識，而「新」則指的是新近學到的知識，新舊結合，相互發明，就可以「爲人師」了。邢昺論語注疏循着皇侃的思路，也説：「言舊所學得者，温尋使不忘，是温故也。素所未知，學使知之，是知新也。既温尋故者，又知新者，則可以爲人師也。」這裏講的「素所未知」，就不祇是研讀舊學，有了新的體會，從過去的傳統中發展出的「新知」，而是從來没聽過、没想過的新學問了。這種「素所未知」的新學問，結合「舊所聞」，對習以爲常的知識框架，就會産生巨大的衝擊，而出現飛躍性的結構變化。知識内容或許大體沿襲傳統，知識結構却得以重新整合，出現嶄新的認知系統，重新審視自己文化傳統的意義，打開文化傳承的新局面。二十世紀上半葉的漢學譯作，就發揮了這樣的作用，促使中國學者放棄自我中心的文化態度，從各種不同側面，探知中國歷史文化的光譜，以域外（或是全球）的角度觀測中國傳統，摇動了文化的萬花筒，看到七彩繽紛的中國。

嚴復在甲午戰争之後，改良變法思想風起雲涌之時，開始大量翻譯西方思想經典著作，是有感於國人（特别是傳統文化孕育的知識精英）思維系統封閉，企圖介紹實證新知，引進邏輯思維的方法，以破除儒學之道「一以貫之」與「放之四海而皆準」的虚妄。他翻譯天演論，在序文中提到，有人歸納東西方學術思想，認爲中國文化重精神，是形而上之學，立意高超，而西方文化重物質，是形而下之學，祇追求功利的回報。他認爲，這種自以爲是的蒙昧態度，陷入傳統舊學的框囿而不自知，没有自我反思的能力，無法吸收「素所未知」的新知識，也就無法開展並弘揚自己的文化傳統。嚴復非常清楚他翻譯西方經典的目的，是爲了介紹新知，打破中國傳統思維的封閉性，但是，作爲披荆斬棘的拓荒人，他深知思想封閉者的頑固心理，必須因勢利導，以免遭到盲目衛道之士的攻訐。嚴復有其防身的策略，不會像許褚戰馬超那樣赤膊上陣，而是以桐城文章譯述赫胥黎、斯賓塞、穆勒、亞當·斯密、孟德斯鳩，博得晚清知識精英的贊許，文章深閎而傳入了新知義理。從文化變遷的角度而言，通過翻譯，以迂迴戰術來介紹西方思想，得到巨大的成功，産生了改變傳統思維體系的實效，是中國近代思想史上影響深遠的大事。以此類推，民國時期大量翻譯域外漢學的影響，也是不容忽視的思想史課題。

關於清末民初西方學術思維衝擊中國知識精英，顛覆傳統文化的知識結構，錢穆在現代中國學術論衡的序言中，從中國文化本位的立場，發出深刻的感慨，做了籠統的批評：「文化异，斯學術亦异。中國重和合，西方重分別。民國以來，中國學術界分門別類，務爲專家，與中國傳統通人通儒之學大相違异。循至返讀古籍，格不相入。此其影響將來學術之發展實大，不可不加以討論。」錢穆所指出的問題，是傳統知識體系强調「通」，文史哲不分家，最崇尚通儒，而現代學術講究專業分科，各司其職，以至於讀不通古籍呈現的整體性知識思維。姚名達在撰寫中國目録學史的時候，對西力東漸，西潮帶來的翻譯著作及新知新學，也有類似的感慨：「四部分類法，不合時代也，不僅現代爲然。自道光、咸豐允許西人入國通商傳教以來，繼以派生留學外國，於是東西洋洋籍逐年增多。學問翻新，迥出舊學之外。目録學界之思想不免爲之震蕩。」這種對學術體系發生重大變化的觀察，反映了中國學人從晚清一直到民國，夾在東西方兩種不同思維體系的衝突中，身歷其境的切身感受，因此感觸良多。

二十世紀上半葉最能代表中國學術的通儒是王國維與陳寅恪，他們浸潤了經史子集的四部知識傳統，承繼乾嘉篤實的考據學風，却都經過西洋邏輯思維與實證科學的洗禮，參與中國知識結構的轉型。對西方現代知識結構如何在中國生根發芽，不但再三致意，并且以自己的學術實踐來努力促成。王國維早在一九〇二年就寫信給張之洞，反對把經學列爲大學分科之首，而主張效法西方與日本的大學，設立哲學科，明確指出知識結構的分類不可因循傳統，而必須另起爐竈。陳寅恪在一九二五年就清華大學建制的問題，寫了吾國學術之現狀及清華之職責，指出大學的職責在於學術之獨立，而中國學術界的情況令人十分不滿，必須認真效法西方學術的體制及實踐。他說：「蓋今世治學以世界爲範圍，重在知彼，絕非閉門造車者比。」這兩位國學大師，對西方與日本的漢學研究十分注意，都是以開放態度對待域外漢學研究，集思廣益，以成其大家。

再回到「温故知新」的歷代經解，說說文化傳承的闡釋學意義。劉寶楠在論語正義中指出，上古之時，文化知識是上層統治精英的家學，不再治理實際政事的長者可以傳遞德行的知識，可以爲人師。「温故而知新」，就顯示長者不忘舊時所學，且能吸收新知，繼承并發揚這種學術與政治合一的傳統。到了孔子之時，時代出現了變化，士大夫不見得能够謹守家法，弘揚德行，也不一定能够「爲師」了。孔子之後，世變日亟，「道術爲天下裂」，文化知識不再爲少數統治精英所壟斷，也不必然與治理政事有關，學術在民間百花齊放，百家争鳴。但是，學術知識發展的脈絡基本未變，仍然是要温故知新，進德修業。從劉寶楠不經意的闡釋中，可以看到時代變遷影響了學術文化的内容，改變了知識結構的體系，但其内在發展的理路仍舊，還是需要舊學與新知的融合，才能有所發展。

劉寶楠還引述了劉逢禄的解釋：「故，古也。六經皆述古昔、稱先王者也。知新，謂通其大義，以斟酌後世之製作，漢初經師皆是也。」劉寶楠贊成這個說法，並指出，漢唐人解釋「知新」，大多數都沿用此意。也就是說，舊學是傳統的知識結構體系，新知是時代變化出現的新知識，必須相互斟酌，才能發揮得宜。至於如何對舊學「通其大義」，就見仁見智，各有說法了。從這個通達的詮釋來討論近代西學東漸的情況，我們可以看到，「温故而知新」在民國學人的心底，是産生「傳統」與「現代」糾葛的心理陷阱，不易跨越。若依照朱熹的說法，「學能時習舊聞而每有新得，則所學在我而其應不窮」，雖然在哲理上可以模模糊糊說通，但在清末民初的具體歷史環節，西學的新知屬於完全不同的知識體系，在原有的舊學脈絡中，根本無從立足，如何「其應不窮」?·所以，真要放之四海而皆準，提升「温故而知新」的普世意義，以理解域外漢學譯著與近代學術知識體系變遷的文化史意義，我們認爲，皇侃、邢昺，一直到劉寶楠的闡釋，是比較合適，並與現代文化闡釋學的説法相近。

伽達默爾（Hans-Georg Gadamer）在他的名著真理與方法中，説到認知理性與文化傳統的關係，特别指出，人們通過理性，來判斷歷史文化中事實的真相，但是人的理性與生存環境息息相關，與傳統所衍生的豐富文化底蘊有關，不可能完全超越文化傳統的思維脈絡。他認爲，人生活在文化傳統之中，就不可能「遺世獨立」，以全能超越的抽象思辨來認識傳統，甚至是批判或顛覆傳統。傳統是歷史文化延續與傳承的表徵，不會一成不變，而我們的認知理性也會因時代變遷，而不斷重新詮釋傳統。伽達默爾的闡釋學以西方文化傳統爲例，説明新知如何納入傳統，而使文化傳統生機不斷，生生不息，與中國歷代經學家的説法（朱熹除外），有异曲同工之效。以此觀照民國時期的漢學譯著，我們認爲，這批學術新知傳入中國，對中國文化傳統的繁衍與發展，實有承先啓後之功。

近代海外漢學名著叢刊的出版，最值得感謝的是南兆旭先生二十多年來搜羅的執着與努力。雖然這套叢刊不能窮盡民國時期的漢學譯著，但是，能滙集上百册自一九四九年以來在國内不曾重印的學術著作，再度公之於世，總是功不唐捐的大功德。忝爲本叢刊的主編，我面對這批民國學術材料，先是感到紛雜無章，有些原作者的學術素養也難副當前的學術標準，甚爲猶豫。後轉念一想，這是上個世紀中國最紛亂時期的學術記録，也是民生凋敝，國勢隤危，内亂外患交加之際，仍有許多學者孜孜矻矻，戮力翻譯域外漢學，爲中國學術的傳承拓展新知的坦途，不禁肅然起敬，開始用心整理分類。掛一漏萬，在所難免，好在有學殖豐贍的諍友擔任分卷主編，並撰寫各分卷前言，實在是衷心銘感。有傅杰教授負責「歷史文化與社會經濟」、戴燕教授負責「古典文獻與語言文字」、霍巍教授負責「中外交通與邊疆史」，吾道不孤矣。在整理編輯過程中，周威先生費心最多，也是我要衷心感謝的。

道術之存亡，全在人心之嚮背。這批民國漢學譯著重新問世，對我們生長在承平之世的學人，應當有激勵的作用，爲學術研究多盡份力，讓中國學術發展更上一層樓。

鄭培凱

二〇一五年七月

前言／

一九四九年，身在美國的鄧嗣禹在遠東季刊發表近五十年中國歷史編纂學，總結半個世紀以來中國歷史編纂學從保守走嚮開放，「先是受日本，然後是英國、美國、法國，最後是蘇聯等影響」，既擴大了史料的範圍，又應用了科學的方法，把重點從帝國的政治事件轉移到社會經濟方面，終於「取得了巨大的進步」。鄭培凱教授主編的近代海外漢學名著叢刊，正是鄧氏提及的各國影響中的一部分——甚至堪稱是主要的部分。

本分卷主要包括兩大類：一是歷史文化，包括渡邊秀方中國哲學史概論、三浦藤作中國倫理學史、津田左右吉儒道兩家關係論、服部宇之吉儒教與現代思潮、五來欣造儒教政治哲學、濱田耕作東亞文化之黎明、梅原末治中國青銅器時代考、新城新藏中國上古天文、卡特中國印刷術源流史等；二是社會經濟，包括沙發諾夫中國社會發展史、駒井和愛等中國歷代社會研究、柯金中國古代社會、森谷克己中國社會經濟史、田崎仁義中國古代經濟思想及制度、卜凱中國農家經濟、馬札亞爾中國農村經濟研究、克拉米息夫中國西北部之經濟狀況、高林士中國礦業論、長野朗中國資本主義發達史等（以上作者譯名一仍所收各譯本）。這些著作引入中國的背景與影響，培凱教授的總序已經作了高屋建瓴、提綱挈領的論述。這裏祇就著作、作者、譯者三端分別舉例，略作一些補充説明。

先説著作。包括本輯在內，本叢書所選入的日本學者論著佔據了多數。曾有西方的東方學家概括日本學術實爲三餘：文學竊中國之緒餘、佛學竊印度之緒餘、各科學竊歐洲之緒餘。其言雖刻薄，却一針見血。但也正因善於嫁接，所以在用西方研究模式梳理中國歷史傳統方面，日本學者往往最具搶佔先機的便利，他們的著作也成爲當時的中國最多引進與借鑒的對象。例如梅原末治藉助於西方科學方法來分析中國青銅器的器形、成分，進而推論其時代的中國青銅器時代考在半個世紀中產生了廣泛的影響，如歷史學家吕思勉在先秦史中就引用過他對殷商時代青銅器的分析，考古學家黃展岳在關於中國開始冶鐵和使用鐵器的問題中則對他殷代已知用鐵的觀點提出駁正。卡特的名著出版至今九十年，仍然是時常被引用的經典，除早期的節譯本，一九五七年北京出版了吳澤炎譯的中國印刷術的發明和它的西傳，一九六八年臺北出版了胡克希譯的經傅路德修訂的卡特著作新版中國印刷術的發明及其西傳。其書既出，哲學大師杜威也給以好評，桑原騭藏、鄧嗣禹發表了長篇書評。直至本世紀芮哲非的新著谷騰堡在上海：中國印刷資本業的發展（一八七六—一九三七），還指出正是卡特著作的出版，因其表彰中國印刷術的悠久歷史和對世界印刷史的巨大貢獻，迅速影響了一批中國學者，進而影響了近代以來的中國印刷史書寫。其實，受影響的還不止是印刷術與中西交流史的學者。以夢溪筆談校證而蜚聲中外的當代夢溪筆談研究第一人胡道静回憶，正是從卡特的書中，他才知道夢溪筆談：

> 卡特的書説明了史料的來源，還特別夸譽了夢溪筆談這部著作，説它這好那好。於是我這個當時對古籍祇讀先秦、兩漢之書的小伙子就迫不及待地去找這本沈括的名著來閱讀了。（夢溪筆談校證五十年）

至於沙發諾夫、柯金、馬札亞爾等用唯物史觀來研究中國社會經濟史的論著，在蘇聯和中國都引發過争議，而在當時就有學者指出，陶希聖等人對魏晋時期中國社會性質的看法，即深受沙發諾夫中國社會發展史的影響。

次説作者。各書作者背景各异，身份不一，研究中國的目的也頗有差距。其中既有津田左右吉這樣的學術大師，更不乏各學科中的權威名家，而且不少跟中國還有密切的聯繫。如濱田耕作與梅原末治師徒都在中國從事考古多年，不僅以自己寫下的著作、也以自己參與的活動，影響了中國考古學的發展，甚至用自己的工作給中國考古學家樹立了榜樣。早在一九二六年，北京大學國學門的考古協會與日本東亞考古協會成立東方考古協會，被譽爲日本考古學之父的濱田耕作就參與其事，一九二九年他又與高足梅原末治再赴北京演講，爲正起步的中國現代考古學注入了新的信息。其後梅原又在上海、天津、河南等地調查文物古迹。撰中國上古天文的天文學家新城新藏在二十世紀三十年代出任過上海自然科學研究所所長。撰中國農家經濟的美國學者卜凱從康奈爾大學農學院畢業後，次年即來安徽宿州，以傳教士的身份從事農村的改良試驗與推廣，在中國致力農業經濟學的教學與調查幾三十年。同樣是以傳教士身份在安徽宿州從事教育與宗教活動長達十二年的還有美國學者卡特——而他一生衹活了四十三歲。在離開中國後他一直從事中國學術的研究，在伯希和指導下研究中國印刷術的發明與西傳，傾注了滿腔的熱情，用盡了全部的心力，終以勤勞過度，在該書出版的當年與世長辭。

末説譯者。當年就有學者感慨，外國的漢學著作可資參證者甚夥，但譯著的數量與質量總體而言殊不令人樂觀，通西文者多鄙棄漢學，治國學者又忽視西文。從事者的學養並不都足以勝任這類專門著作的翻譯，因此有的譯文比較粗糙，但就已有的成績來看，仍有可稱道者。一是有的著作不止出版了一個譯本，如濱田耕作東亞文化之黎明、馬札亞爾中國農村經濟研究等時隔不久就出版了不同的譯本；有的甚至同一年中就出版了兩個譯本，如森谷克己中國社會經濟史在一九三六年既由中華書局出版了孫懷仁的譯本，又由商務印書館出版了陳昌蔚的譯本。二是譯者之中不乏後來的著名學者。如高林士中國礦業論的譯者是曾擔任北京水利水電學院院長多年、爲中國水利事業做出了卓越貢獻的中國科學院院士汪胡楨。在年過九旬之後寫的自述中，他還憶及當年由丁文江介紹認識了中國礦業論的作者、並受作者之托翻譯該書的經過。而梅原末治中國青銅器時代考的譯者則是舉世公認的甲骨學與殷商史權威胡厚宣，身爲中央研究院歷史語言研究所的研究人員，他正是在參與殷墟發掘之際譯出梅原末治的著作的。

世事沉浮，風雲變幻，這些昔日的譯著有的還在被學者屢屢提及，有的則塵封甚久，不再被人記得。如今輯而再印，使之重見天日，是既富於現實意義，也富於歷史意義的。現實意義在於這些譯著中的若干材料仍可供今天的讀者取資，若干見解仍可給今天的讀者啓示；歷史意義在於這些譯著中的部分雖然陳舊過時，無論材料還是觀點都被證明千瘡百孔，但它們在中國現代學術史的建立與發展進程中都曾經多多少少起過作用——因此它們不再僅僅是外國漢學史的組成部分，實際上也已經成爲中國學術史的組成部分，是我們不能輕忽，更不能遺忘的。

傅　杰

二〇一五年七月

作者簡介

著　者

資料不詳。

譯　者

楊鍊，二十世紀二十年代曾在日本陸軍經理學校留學。經他翻譯的日本漢學著作有張騫西征考、唐宋貿易港研究、中國歷代社會研究、西域研究、西北古地研究、長安史迹考、東亞文化的曙光、古物研究、西南亞細亞文化史等。

目次

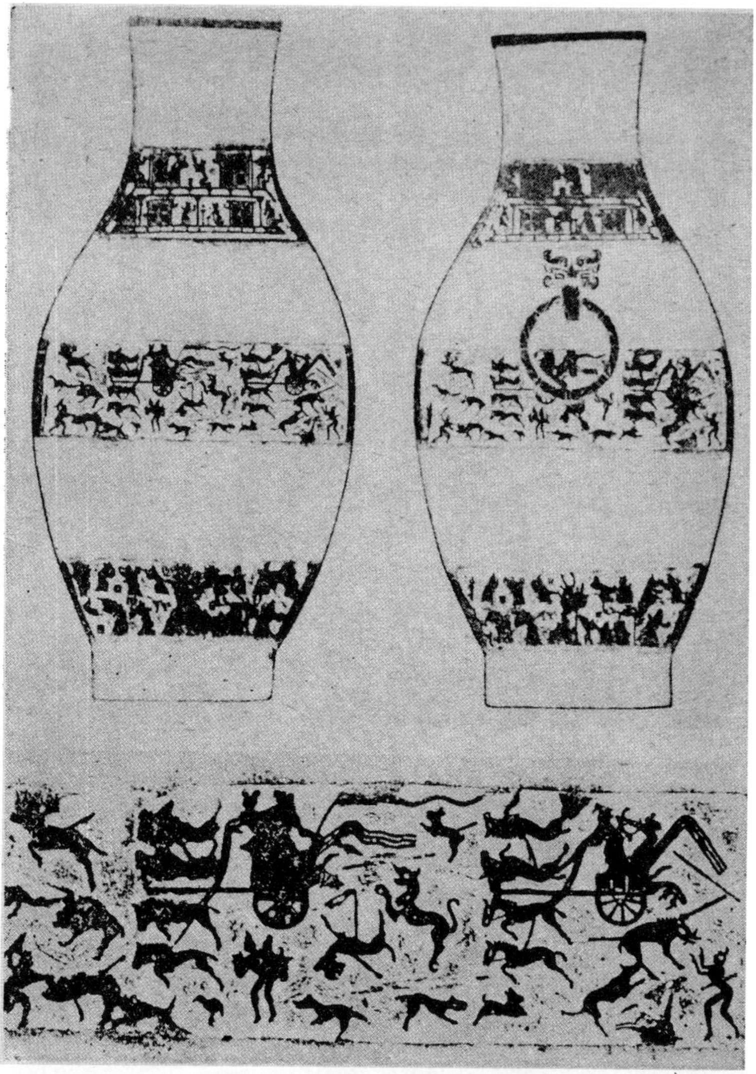

第一圖　銅壺（北平故宮博物院藏）　同上圖紋之一部3/4

（根據拓本）

第二圖　銅洗（美國茀里亞美術館藏）

（根據梅原氏圖版）

同上圖紋之一部 3/4

中國歷代社會研究

一　中國古代之車馬狩獵文

駒井和愛

中國古代織物及其他工藝品，於日本法隆寺所藏四天王紋錦亦可見之，內有騎射狩獵圖紋，其馬之前後足皆開張，採取騰驤之姿勢。如謂此種圖紋與波斯薩山朝之圖象甚有關係，則無論誰人俱當首肯也。㈠至於漢代之陶器銅器及瓦甎等，所見騎射狩獵圖紋之意匠，亦可大略推測爲得自塞克提之美術品者，已於勞菲耳（B. Laufer）之「漢陶」㈡及原田淑人之「漢代騎射狩獵圖紋」㈢二文中述及之。

向來就於中國漢代並唐代種種流行之狩獵圖紋而介紹之者已屬不少，而於其所表現者無論何物，無不謂爲受西方文化之影響。然在中國古代，以狩獵爲重要行事之一，其事蹟散見於詩經，左傳，周禮等文獻中，其舉行規模之大，決不在少。因之，關於中國古代之狩獵圖紋，如何表現一問題，是不得不究明之。

在中國古代狩獵使用車馬之狀況，見於詩經者多。[4]即在秦風駟驖篇中，秦人敍述其君田獵時際之車馬盛況曰：

駟驖孔阜。六轡在手。公之媚子。從公于狩。

小雅車攻篇中言田車曰：

田車既好。四牡孔阜。東有甫草。駕言行狩。

之子于苗。選徒囂囂。建旐設旄。搏獸于敖。

又曰：

四黃既駕。兩驂不倚。不失其馳。舍矢如破。

蕭蕭馬鳴。悠悠旆旌。徒御不驚。大庖不盈。

如上所記之例，俱係使用車馬者。既知其御四頭馬匹之車，拾弓矢而射之事，復能髣髴其車上建立旗旄之狀也。其次再就遺物觀察之。

（一）中國北平故宮博物院藏銅壺（圖版第一）

高約一尺五寸，口緣三寸五分四方底邊亦呈方形由頸部至腹部，共有四面稱曰「鈁」之名稱。各面有三段圖像，其間配置嵌銀之龍雲紋樣。畫象之上段列屋宇，中段則爲車馬狩獵之景，於飛走之鹿與追逐之獵犬間畫出二架之車馬。除御者外，一架車上，有執矛以當獸者，其他一架之車上，則現執弓而射之狀，兩車上俱設有飄風之旗旄類。（同圖版3）依此銅壺二面上所附飾之獸環手法，推知其屬於周末漢初之製作㊄（同圖版1）

（二）美國華盛頓茀里亞美術館藏銅洗（圖版第二）

計高九寸三分，口徑一尺六寸八分。銅洗因形深，具整美之感。在此器之內面，施以浮彫，上段列水禽，中段則配以魚類於水禽之間，下段表現者爲龜。又外面在腹部，以鑲嵌刻畫車馬狩獵狀與飛鴻，鹿，象並兔等物。（同圖版2）在其近口緣處與接底部之處，均現有簡略鑲嵌之狩獵紋。而於此三段圖紋之間，復繞以鑲嵌雲紋之帶條。因本器亦爲施於四方之獸環形狀等，故推知其爲周末漢

初所製作之遺物。㈥

中國古代遺物中表現車馬狩獵圖象者，不知尚有其他品類否。但就此處所示銅壺中段之圖紋與銅洗中部之圖紋觀察之，關於四頭馬匹之俯觀形，及車上人執矛或握弓之情狀與旗之飄翔等，全爲同一手法，此易見及者。因此，其表現之一種狩獵圖紋可言爲在周末漢初之行事也。

至車轅兩側之馬表現俯觀形式者，除瑞典青銅器時代刻畫於岩石上以外㈦，幾無他例。然此

爲北歐岩石刻畫，屬於紀元前千六百年至千四百年時之物㈧，謂與中國古代之圖紋有關係，終不可能。不若以此種表現法爲中國古代民族間所獨自發達者爲妥，至於北歐所行與之相似之手法，係在紀元前十五世紀，而中國則遠在紀元前後，各不相關。故觀上述之銅壺與銅洗，其車馬狩獵之圖紋爲中國古代之固有狩獵紋樣，非如漢唐流行之騎射狩獵圖紋謂係受西方文化之影響也。

〔註〕

㈠文學博士三宅米吉氏「法隆寺藏四天王紋錦旗考」（考古學研究所載）

(二) B. Laufer, Chinese Pottery of the Han Dynasty. 1909. pp. 217－222.

(三) 原田淑人「漢代騎射狩獵紋」（史林第十三卷第一號）

(四) 郭沫若氏「中國古代社會研究」二三二頁中，於殷墟出土之龜甲獸骨內，亦記田獵事蹟，「絲御」者，乃反映車馬之使用也。

(五) 此拓本余於北平留學時請求北京大學馬衡教授而得者。對於該教授深深感謝其原意。

(六) O. Sirén, Histoire des Arts Ancien de la Chine, Tome 11. pp, 42－43. p 143 並載於梅原末治氏「美國華里亞美術館所藏之鑲嵌狩獵文銅洗」（桑原博士還曆記念東洋史論叢）在茲所示之圖，乃由梅原氏者複印而成。又關於銅洗之詳情，可參照同氏之論文。

(七) S. Müller, Nordische Altertumskunde, Bd. I. 1897. S. 467. Hoernes-Menghen, Urgeschichte der bildenden Kunst in Europa. 1925. S. 235.

(八) Hoernes-Menghen, op. cit., S. 73.

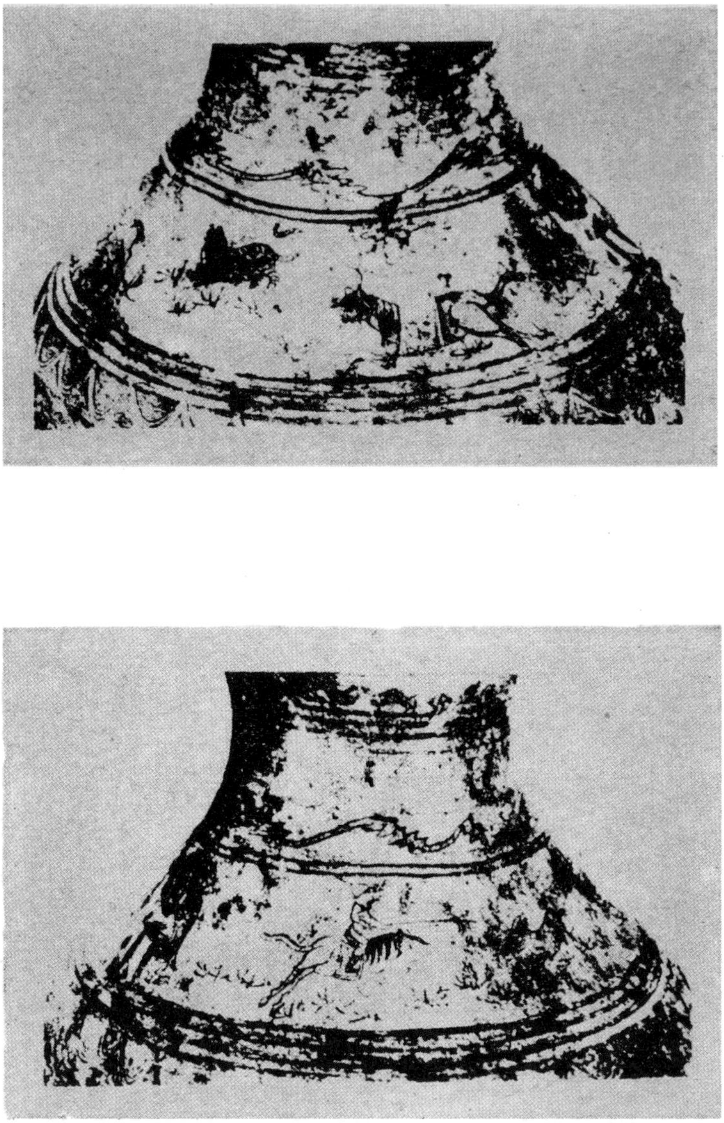

第一圖　彩畫狩獵土器肩部圖紋一部

（根據 M. Rostovtzeff 氏）

第二圖　金錯鳥獸雲紋盤圖紋之一部

（根據 M. Rostovtzeff 氏）

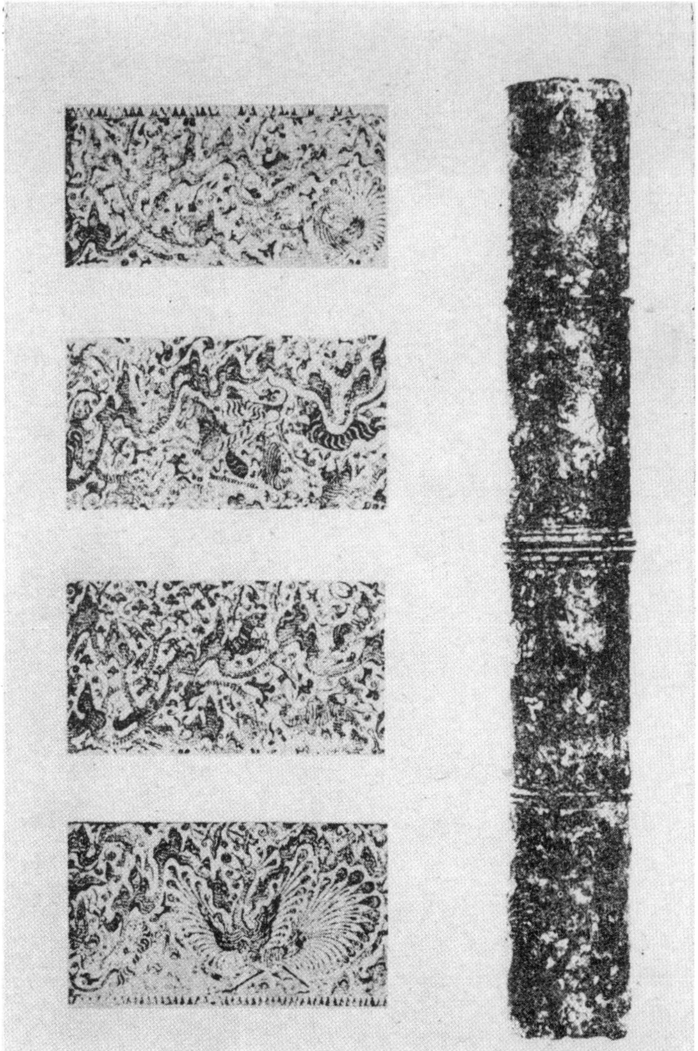

第三圖　金錯山雲鳥獸文筒狀銅器

（根據周漢遺寶）

二 漢代狩獵及動物圖樣

江上波夫

三代古銅器之動物紋，乃空想的而非寫實的，故硬直而靜止。秦式銅器，始有寫實的動物紋。至於漢代，其所表現者，皆忠實描寫極自由而生氣活躍之動物紋也。凡銅、漆、瓦各器及絹布諸遺物，皆可辨識之，當時最有物色之圖紋，已爲東西學者所注意矣。尤其是此等動物紋中，屬於騎射狩獵者，早經勞非耳博士推測其起源於何處，發爲議論如下：

一、漢代狩獵圖紋，騎士有胡服者，且屢見其所戴爲塞克提（Scythia）帽。

二、有在馬上顧後而射動物之圖樣。

三、獸類多取飛走（flying gallop）之姿勢。

彼據此推論，遂謂漢代動物紋中之狩獵紋，其意匠係源於西伯利遊牧民之美術。後之歐美學者，大體皆依勞菲爾博士之主張，以異於三代銅器圖樣之漢代生氣活躍而自由之動物紋，解爲自外部的原因而發生。然而近有菲歇爾（Fischer）者，據發見之多量遺物，主張漢代繪畫，乃中國人對於自然，依獨自之觀照而創造者。於是乎勞菲耳博士一流人之見解，或將到修正批判之時期矣。此修正之主點如下：

一、謂中國古代寫實的動物紋，尤其是狩獵紋，乃受塞克提——西伯利美術之影響而發現者，或果如勞菲爾博士之說，亦未可定。然須知此等圖樣，尙得遠溯於年代較古之秦銅器，是不可不就其表現之動物紋狩獵紋而考察之也。若漢代之紋樣，係由秦代引其緒，此卽爲中國獨特的發達。彼塞克提——西伯利美術的意匠，雖得於漢代動物紋狩獵紋中認取之，亦只能想像兩者間所發生者，在間接的關係以外耳。

二、指示漢代動物紋之意匠，爲直接模倣塞克提——西伯利美術者，其例固多；然欲如勞菲爾博士等所說，舉漢代動物紋或狩獵紋之全部，求其發生原因於外部的影響，則非今日所許。蓋自勞菲爾博士發表以上學說後，模倣外國藝術之影響的結果，迄未考出；而因動物紋狩獵紋陸續出現之事實，證明漢人確係據直接之印象而作畫，已無可疑。其顯著之例，如碩克斯夫人所藏漢代彩畫陶器，（圖版第一）東京美術學校蒐藏金錯筒形銅器，（圖版第三）細川侯爵家藏金錯盤，（圖版第二）等，其表現之狩獵動物紋，皆可舉爲證也。此等寫實的動物，當然漢人自身，直接印象動物活動之狀態而寫實者，故漢代動物紋狩獵紋之發達流行，其主要原因，實潛在於漢之內部也。

漢代動物紋，尤其是狩獵紋，其發達流行之原因，旣知其潛在於內部矣。是則其時之漢人，必盛行狩獵，以爲樂事，因而得有機會，能直接目擊其他動物活動之狀態，固當然之理，且有歷史的事實，足以確證之也。又觀漢代之於美術，不但於動物紋狩獵紋之意匠上，最爲愛好，卽漢代文學，關於狩獵及其他動物之活動，亦自然爲一好題目。凡此皆不得不肯定，始這漢代動物紋，尤其是狩獵紋之發達流行，其原因不在漢之外部而在於內部，此種推測，乃有力之主張也。再者漢代盛行豪奢的狩獵，及與動物格鬬等戲以爲娛樂，不獨美術上見之，且爲文學之好題目，此等與漢代藝術全般有密接關係之事情，由以下之文獻窺知之。

茲先就漢室中之前漢初言之，其時已盛行遊獵娛樂，文帝時賈山「至言」有諫文曰：

今從豪俊之臣。方正之士。直與之日日射獵。擊兔伐狐。以傷大業。絕天下之望。臣竊悼之。（中

略）願少衰射獵。（前漢書卷五十一賈山傳）

而賈誼復上疏諷之曰：

今不獵猛獸而獵田彘。不搏反寇而搏畜菟。翫細娛而不圖大患。非所以爲安也。（前漢書卷四十八賈誼傳）

然及至武帝時，帝特好此戲，親率百官貴嬪，舉行大規模之狩獵。蓋帝一方興築上林苑，滿載豹，虎，熊，蛇，豕，菟等禽獸，因屢次出獵，[8]並遊獵於長楊，新秦中等。[9]彼司馬相如作諫獵書並上林賦，而諷諫帝之豪奢畋獵者職是故耳。視其文字，可知武帝遊獵之實況如何。其次元帝亦嗜好狩獵，永光元年，獵於甘泉會薛廣德之諫[10]更於同五年冬，幸於長楊射熊館，舉行大獵。[11]復至成帝元延二年冬從胡客校獵於長楊宮，[12]楊雄作校獵賦以諷諫之。[13]然帝不聽，翌年再恣意大獵於長楊射熊館，故前漢書卷八十七楊雄傳下載曰：

明年，上將大誇胡人以多禽獸。秋命右扶風發明入南山。西自褒斜。東至弘農。南敺漢中。張羅罔罝罘。捕熊羆豪豬虎豹狖玃狐菟麋鹿。載以檻車。輸長楊射熊館。以罔爲周。縱禽獸其中。會胡人手搏之。自取其獲。上親臨觀焉。是時農民不得收斂。雄從至射熊館。還上長楊賦。聊因筆墨成文章。故藉翰林以爲主人。子墨爲客卿以風。

可知漢代天子遊獵規模如何之大，且不獨漢朝野之臣僚，有時並以胡人加入此戲，同時復能推想一般民衆如何爲捕獲滿苑禽獸之苦心慘淡。洎乎後漢，此風仍不稍衰，明帝於永平十五年冬，安帝於延光二年十月，順帝於永和四年十月各各畋獵於上林苑，桓帝則於延熹元年十月並同六年十月，狩獵於廣成苑，而幸上林苑。[十四] 陳蕃雖上疏勸諫，[十五] 然靈帝獻帝仍屢屢校獵焉。

要之，通前後兩漢，朝廷以遊獵爲最大之娛樂，隨其規模之壯大與其豪奢，而不僅視爲朝廷之行事，且爲一般人所關心者。又，漢代不獨舉行狩獵，並流行利用或以雞鬬，或以虎爭，或走馬，或舞馬等動物之演戲。桓寬鹽鐵論卷七，散不足篇中，慨嘆時勢之奢侈曰：

玩好玄黃。雜青五色繡衣。戲弄蒲人。雜婦。百獸。馬戲。鬬虎。

又同書卷三刺權篇中亦記：

放犬走兔。隆豺鼎力。蹋鞠鬬雞。

再前漢書卷八宣帝紀記載：

皇曾孫（宣帝）既壯……高材好學。然亦喜游俠鬬雞走馬。

又劉向列女傳卷八馮昭儀傳中記曰：

建昭中。上幸虎圈鬬獸。後宮皆從。熊逸出圈攀檻欲上殿。左右貴人。傳昭儀皆驚走。而馮婕好直當熊而立。左右格殺熊。

在此所謂虎圈者，當係指飼養虎之場處而言，其設置之始源，可溯及秦代，惟漢代繼續有此設置，該觀馮昭儀傳所記：「上幸虎圈鬬獸。」之句，卽能瞭然，蓋所以觀覽動物之爭鬬者。惟其處不獨爲虎，且有熊等猛獸，至於與虎鬬爭之事，由馮昭儀傳文，亦不難推察也。蓋在漢室時代，使虎及其他猛獸鬬爭，以供觀賞，爲娛樂之一種，是以前揭之鹽鐵論中所謂鬬虎者，卽此之謂。然則虎圈者，實卽此等猛獸之飼養場。至言鬬虎遊戲之始源，初設虎圈者，想爲秦代。其次見於前漢書卷九十六西域傳贊所載：

設酒池肉林。以饗四夷之客。作巴兪都盧，海中碭極，漫衍魚龍，角抵之戲。以觀視之。

按此漫衍，據顏師古之註，解作張衡西京賦所謂巨獸百尋之戲樂。而魚龍當亦臆測爲奇怪動物演技之一種。如上所述，以動物演習種種遊戲，而供人觀賞之風俗，實起於秦代，經六朝而至唐代，想尤盛行之。[16]

漢代開拓東西之交通，或由西域，或由南海，成自北方等地，陸續携帶珍奇動植物至漢土，此事尤値注意。如彼大宛之天馬，條支之大雀，皆在漢武之時，始輸入中國，此固非著名事實，而獅子似亦爲當時輸入中國之外國產之動物也。其見於前漢書西域傳贊中：

鉅象，師子，猛犬，大雀之羣食於外囿。於是廣開上林穿昆明池。

觀此當不難推測。尤其是如勞非耳博士，見後漢書卷七十七班超傳。

初月氏嘗助漢擊車師有功。是歲貢奉珍寶，符拔，師子。因求漢公主。超拒還其使。

因其年恰當後漢章帝章和元年(87. A. D).，故認定其年爲輸入獅子於中國之最初一年。[17]蓋以獅子貢獻於中國之明文，確係初見於章帝章和元年之記載也。然一方，在此以前即將獅子輸入中國者，據班固之前漢書西域傳贊之文則明甚。固不待論，班固之編纂前漢書，在永平至建初之間，(十八)約在章和元年之前十年。然則輸入獅子於中國，至遲亦在建初年間以前，班固於西域傳贊中，記載在開上林苑穿昆明池之武帝時代者，當有所據。依照前漢書卷九十六西域傳，罽賓安息月氏等產獅國，在武帝時代時常貢獻，是以武帝時代之獅子輸入中國，絕非不可思議者。且在漢宮殿疏中(十九)亦記：

有彘圈。有師子圈。武帝造。秦故虎圈。周匝三十五步，長二十步，西去長安十五里。

而三輔故事載(廿)：

師子圈在建章宮西南。

按漢宮殿疏與三輔故事兩書，其編者與著作年代，俱不明瞭，惟大半恐係魏晉時代所作，至其材料，尚足憑信。然則武帝時之獅子圈，以之與班固之前漢書西域傳贊文對照之，其記載必非虛構者。由此可以推知前漢武帝以後，漢室諸苑，充滿西域之天馬，大雀，獅子，與南海之巨象孔雀，北方之駃騠，驝駝，及其他外國產之奇獸異鳥矣。

要之，漢代之狩獵動物之演戲，或苑囿之珍獸，如揚雄所斷言：「此天下之窮覽極觀也。」(廿一)可知其爲當代好奇的游觀與熱狂的娛樂，實聳動天下之耳目也。雖耿介之臣，常以之極諫於帝，而詞人更活寫其活躍景狀以諷諫之，惟仍不能傾覆美術家以此爲好個藝術的題目。彼等必能精細把握動物活動之狀態，而努力描寫之。例如前揭之東京美術學校所藏金錯筒形銅器，細川侯爵家所有金錯盤，或如碩克斯夫人蒐集之漢代彩畫陶器等，皆有寫實的狩獵紋，必係見及異國的孔雀，駱駝，獅子及其他動物紋，而精妙描寫之藝術作品，乃始創作者。其動物活躍之圖樣，自係依賴直接之觀感而描出，當非僅依外國狩獵紋，動物紋之影響而模倣成就者。是以著者對勞菲耳博士等所說，以漢代動物紋，狩獵紋發達流行之全部的原因，謂受外國美術之影響，而模倣者，此種見解，殊難承服。此種圖紋發達流行之主因，當於漢代中國社會的乃至文化的情勢自身之中求之，蓋以此引導之前提，可由歷史的實證而肯定之也。且得由其次一事，而更明瞭。即若如勞菲耳博士等所說，在美術的方面，縱然可以狩獵或動物爲主題，而解作圖樣盛行之事實，但在文學方面，不能理解漢代詩賦之過半數，爲關於遊獵之事。在此，無論如何，漢代流行之狩獵或動物演戲，不得不爲當時藝術全般的美術文學之好題目。是以漢代之藝術思想，實與當時之社會相有密切關係，而不能度外視之；

若僅着目於圖樣意匠之一部的類似，遂指漢代動物圖紋發達流行之原因的全部，歸着於外部的影響，如是論斷，確難免爲皮相的見解也。

然則勞菲耳博士所指摘前述之西伯利亞美術與漢代狩獵動物圖樣意匠上之三個類似點，應如何理解之，以下逐條簡單釋明之。

一、如勞菲耳博士所指摘，漢代狩獵圖紋之騎者服裝，普通爲胡服，且常戴無邊便帽。例如圖版第一之狩獵圖，獵者一人戴無邊便帽，其他一人似戴如 béret 式之帽，兩人俱著長鞾，而其帽頂見有羽毛之飾物，是値注目者。又如第三圖版之狩獵圖，騎者明著袴褶。所謂塞克提帽，實似 béret 之帽，長鞾，袴褶等，俱爲胡服，固不待言，漢代狩獵圖紋騎者之服裝，與普通之漢服異，而爲胡服，類於北方塞外民族之服裝。然此事實，卽謂漢代狩獵圖紋之原型，出於西伯利亞美術，實乏直接指示之證據。反不若解釋爲暗示漢代狩獵圖樣之寫實性。何則，蓋漢代之狩獵，實際騎者著胡服，因彼等之活躍，爲時人注意之事實也。例如司馬相如於上林賦中，描寫武帝豪奢之遊獵，有：

蒙鶡蘇。絝白虎。

之句。然此所謂戴鶡尾，著虎紋之袴，當爲華美勇壯之天子侍衞士之虎賁，此詩文不過於天子遊獵之際，而描寫其活躍情狀。虎賁戴鶡冠，著虎紋之袴，在後漢應劭漢官儀中，[22]記曰：

虎賁中郎將。冠插兩鶡尾。鶡（鷙）鳥中之果勁者也。每所攫撮應爪摧碎。鬬不死不止。（尾上黨所貢）

而魏董巴之漢輿服志中記曰：[23]

武冠加雙鶡尾爲鶡冠。羽林，虎賁，冠之。鶡雞勇鬬。死乃止。故趙武靈王以表武士。秦施用之。

可知虎賁戴鶡尾冠之理由，又應劭漢官儀云：[24]

虎賁中郎將衣紗縠單衣虎紋錦袴。

之句，晉司馬彪之續漢書亦記：[25]

虎賁武騎皆鶡冠虎文單衣。襄邑歲獻織成虎文。

由此可以窺知其衣袴之爲虎紋。然則前引上林賦並東都賦之詩句，其形容虎賁颯爽之英姿，無可疑者。然彼等於天子遊獵之際，大爲活躍，因彼等尤爲優秀之騎射士，故能現出其勇壯之活躍

與華美之服裝也。彼等爲選拔之優秀騎者，依照後漢衞宏漢舊儀所載：[36]

期門騎者隴西工射獵人及能用五兵材力二百人。王莽以爲虎賁郎。

得窺知之。然則彼等頭戴如鶡尾羽飾之冠，而着虎紋之袴，卽所謂胡服者，惟胡服如上所述，原爲騎射之服裝也。

然則於天子遊獵之際，活躍虎賁之颯爽勇姿，現於漢代之狩獵紋中，余於前揭第三圖版之狩獵圖中之騎者，推測其爲虎賁。一見卽可了然，其顧虎而射之勇壯之騎者，著虎紋之袴，頭戴皮製之帽。但其帽實卽皮弁，豈由胡帽脫化而成之形式歟？此原田淑人之說也。[37]若然，則騎者之帽與第一圖版中騎者之如 béret 而一見明瞭之胡帽比較時，兩者形式上頗相類似，可知前者係沿襲後者之形式。又關於胡帽，有似 béret 者，或爲塞克提式之 Pointed Cap （圖版第一下圖）窺知皆於頂上飾有羽毛，是以卽在皮弁亦附飾羽毛，其爲鶡尾者，呼作鶡冠，其爲鵕鸃之尾者，則稱鵕鸃冠，貂鼠之尾，則稱惠文冠。[38]按鶡冠，鵕鸃冠，惠文冠，可知俱爲戰國以來武人之冠，惟其既已引襲胡帽之系統，則所謂冠，其形式，不外在帽飾羽毛之皮弁而已。然則著此虎紋袴之射獵者的皮弁，雖難認其羽飾，然或疑鶡冠，果若是，則此射獵者，自得比定爲虎賁。彼等著虎紋袴與勇躍射獵之情景，不獨現於狩獵之詩賦中，且見於狩獵之圖紋中。以漢代藝術爲一題目，由文學美術兩方面研究之，而兩者之記載描寫，略略一致，不外卽暗示其寫實性者。

其次見漢代狩獵圖樣之騎者，往往實際卽爲胡人，（例如第一圖版之下圖）此亦可視爲寫實之結果。關於漢時狩獵胡人參加之事實，見於前漢書卷十成帝紀元延二年之記載中，並前引之楊雄傳下。揚雄慨之而作長楊賦，以諷諫之。然則不僅胡人從事狩獵於漢地，且原爲彼等之特技，是以降於漢室之胡人，專事騎獵者，固不難想像也。因此，漢代狩獵圖樣中屢屢表現胡人者，無寧認爲漢內地狩獵時胡人活躍之實際顯示爲妥。

二、漢代狩獵圖中，有由馬上後顧而騎射動物之圖樣，雖如勞非耳及羅斯脫非塞夫（M. Rostovtzeff）兩氏等所指摘，㊴（參照第三圖版）然兩氏之考說，以爲與西伯利亞或伊蘭同樣姿態之射獵圖，具有直接關係。換言之，卽前者不外模倣或蹈襲後者之意匠，惟此考說，似無充分之證據。且西伯利亞或伊蘭之美術，㊵與漢代者，俱爲由馬上後顧而騎射動物之圖樣，同時復有由馬上向正面射獵之圖樣，（第一圖版之上圖）按此兩種姿態，想皆係發生於實際狩獵之際者，故認定西伯利亞並漢代美術之騎射圖姿態的一致，當不外忠實描寫實際射獵姿態之必然的結果也。

三、漢代動物紋狩獵紋中之走馬及其他獸類，多採飛走（Flying gallop）之姿勢，亦如勞菲耳博士所指摘。（參照第一及第三圖版）尤其是現於東方並西方古代諸國之美術中之飛走意匠，最初即留意而唱此意匠之美西尼(Mycenae)起源說，其由美西尼而入塞克提（Scythia），復經西伯利亞傳入中國，再一轉而向西方，現十八世紀英國之 sporting print 中，創此學說者，為賴那赫（S. Reinach）氏[三]為人所周知，而勞菲耳博士實承襲此說，此後關於中國古代藝術上飛走意匠之西伯利亞經由說，幾成一般學者之定論。然則勞菲耳博士承認賴氏學說之理由，主為：

一、飛走之姿勢，並非實際動物疾走中所可得之姿態，故不能謂其表現法由各地各自發生者；乃是從或一地方最初創造這特殊美術的表現法，而傳播於各地，大約是不錯的。

二、中國之飛走意匠，與漢陶之浮彫中所見之狩獵紋相伴而表現，這狩獵紋明顯係受西伯利亞美術之影響，是以飛走之意匠，當亦由彼地輸入中國者。

以上二者。[33] 就中第二理由，如上所述，漢代之動物圖樣，狩獵圖紋，並非於西伯利亞美術之直接的影響下而發達流行，實爲漢人間獨自創造，故不能確指爲積極的理由因而此問題之屬於第一理由者，余亦以爲根據薄弱而非實證的也。

第一、飛走之意匠，未必即限於美西尼、塞克提、西伯利亞、中國等處，其表現法，更廣適用於各地各代之美術作品中。往昔舊石器時代之人類，已有此種表現法，試觀彼等居住洞穴之壁畫壁刻，及依其製作之石骨的彫刻等，即能明瞭，例如阿爾塔米拉（Altamira）洞窟所描之「行走的野猪」與聖馬西爾（Saint-Marcel）洞窟刻於片岩石板上之「疾走的馴鹿」以及骨製飾具上浮彫的鹿，都是表現飛走姿勢的顯著之例，已爲 H. Breuil 與 G. B. Brown 諸人所注目而詳論之矣。[34] 即降至第十八王朝之埃及，其飛走之意匠，亦可見於 Tut-Ankh-Amen 寶物上，是極寫實的動物與狩獵之圖紋，明證具在。[35] 又如亞述（Assyria）之浮彫，表現牽戰車之馬爲飛走形式，凡此，當無詳論之必要矣。更至近代，於南阿非利加各地見及布西曼（Bushmen）族所成之洞穴壁畫中所畫爲牛羚羊等飛走形狀。[35]如上所述，可知飛走表現法，未必獨限於受美西尼文化之影響，實廣在各地方各時代，其發生非一元的，而爲多元的。且飛走的表現，由美西尼經塞克提而傳於伊蘭之賴那赫說，已爲羅斯脫菲塞夫所反對，[36]是即現於美西尼，伊蘭兩文化自身之飛走意匠，其發生有相關之關係與否，尚屬疑問也。玆更舉彼等由西伯利亞流傳此種意匠於中國之證據，觀西伯利亞出土之黃金器具及葉尼塞河玉斯河畔之石刻等，較之漢代表現飛走動物之遺物，果得追溯年代乎，亦大疑問也。西伯利亞出土之黃金器具有後漢以降之事實，已得確切之證據，[37]而西伯利亞之狩獵圖石刻，受薩山朝伊蘭文化之影響，爲西元一世紀所創，此泰格倫(Tallgrén)所說。[38]然則可以窺知賴那赫勞菲耳兩氏主張之飛走意匠傳來之系統觀，其自身亦多包含非實證的假定，在今日飛走之意匠，不若考察其係發生於多元，較爲妥當，且覺自然也。

然則何以此飛走之表現法，採取實際動物疾走中所不能得之姿態，而可謂之發生於多元乎?對於此問，余將提出一假定說。其以獸類前後足各向前後伸張表現疾走之狀態，而此所謂飛走，爲實際所不能之姿態，如賴那赫勞菲耳兩氏之所說，已極明瞭。然在人類忠實描寫動物疾走狀態時，此飛走之意匠，無法表現。若有何種現實獸類，以前後脚各伸張於前後方時，則其寫實，用爲第二次的疾走（gallop）之表現事屬可能。然則獸類前後脚各向前後伸張，有此實際之姿態者，即爲獸類跳躍之狀態。獸類於將噬齧他獸而猛襲之際，或向狩獵者躍近之際（參照第三圖版）此時各個伸張其前後脚於前後方。由是而觀，獸類鬭爭圖樣或狩獵圖紋中，以動物跳躍之狀態，表現爲前後脚伸張之象形者，得謂爲眞的描寫。且此種跳躍的表現，使觀者有獸類動作活潑之感，故凡表現獸類疾走狀態時，亦以前後脚伸張於前後方而爲跳躍之象形，此蓋發生於飛走之意匠歟?惟支持此假定說，以飛走之意匠，用於獸類疾走圖者少，多半爲獸類跳躍時之豐富的獸類鬭爭，或爲狩獵之圖樣。試觀飛走意匠，舊石器時代之洞穴壁畫，又美西尼埃及波斯西伯利亞等美術，及漢代之圖形與近代南非布西曼（Bushmen）族所繪者，即能明瞭其事實。若果飛走之意匠，與獸類鬭爭圖或狩獵圖，在發生上有關係，則可維持余之假定說矣。尤其是，與獸類格鬭圖樣或狩獵圖紋無直接關係，僅以獸類疾驅之狀態，表現飛走意匠之圖樣，例如亞述戰車之馬，惟其獸類之鬭爭圖或狩獵圖中所已發生之飛走表現法，得解釋爲第二次的適用例。若以此解釋實際獸類疾走中所不能得之狀態，即可了解各地各代之藝術作品中，皆現此飛走形象之故也。

若是，賴那赫勞菲耳諸人所指摘西伯利亞美術與漢代狩獵動物圖樣意匠上之類似點，兩者不得謂有直接的關係，實則漢代狩獵動物之圖樣，乃獨自的發達流行也。

要之，漢代動物紋狩獵紋之發達與流行之主因，乃在漢代之中國自身社會的文化的情勢之中。故菲歐爾氏基於美術之樣式論，否認漢代動物圖樣狩獵圖紋起源於塞克提伊蘭或希臘者，而論定其純爲中國式，依自然的觀照對於獸類及騎者，成緊密自由且明瞭之觀察，❶其言在歷史的考察上，亦認爲正當。

唯尤應注意者，漢代狩獵紋動物紋，依上述事由，在漢代極度發達與流行，惟其式樣之母胎，得追溯於秦式銅器上所表現由此可見原始的狩獵與動物之圖紋。至秦式狩獵紋動物紋之出現原因，究竟如何，完全另一問題，當於他日論考之。

〔註〕

❶ Laufer, B. Chinese Pottery of the Han Dynasty. pp. 219–222.

㈡ M. Rostovtzeff 氏亦大體從 Laufer 博士之說，惟對漢代狩獵紋動物紋否認外部的影響為西伯利亞而看做中央亞細亞的，或為希臘——伊蘭的。（M. Rostovtzeff, Inlaid Bronzes of the Han Dynasty in the Collection of C.T. Loo. pp. 57－60; Animal Style in South Russia and China. pp. 78－106.）

㈢ 參看 Fischer, O. Die Chinesische Malerei der Han-Dynastie; La Peinture Chinoise au Temps des Han. 等。

㈣ 關於秦式銅器之動物紋狩獵紋，參照梅原末治氏「美國弗利亞美術館所藏之鑲嵌狩獵文銅洗」（桑原博士還曆紀念東洋史論叢所載）「所謂秦銅器」（史學第十卷第三號）等。

㈤ 引用 Rostovtzeff, Inlaid Bronzes of the Han Dynasty.

㈥ 引用帝室博物館編「周漢遺寶」。

㈦ 引用 Rostovtzeff, op. cit.

㈧ 參照司馬相如之上林賦。又後漢衛宏之漢舊儀（太平御覽卷一百九十七所引）內載：
上林苑中。廣長三百里。置令丞左右尉。苑中養百獸。天子遇秋冬。獵射苑中。取禽無數。其中離宮七十所。皆容千乘萬騎。

㈨ 前漢書卷三十五東方朔傳，同上卷二十四食貨志。

㈩ 前漢書卷九，元帝紀，同上卷七十一薛廣德傳。

⑪ 前漢書卷九，元帝紀。

(十二) 同上，卷十，成帝紀。

(十三) 同上卷八十七揚雄傳上。

(十四) 以上據後漢書各帝紀。

(十五) 後漢書卷九十六陳蕃傳。

(十六) 參照原田淑人「千秋節宴樂考」（白鳥博士還曆紀念東洋史論叢所載）五——八頁。

(十七) Laufer, op. cit, p. 227.

(十八) 參看後漢書卷七十班固傳。

(十九) 太平御覽卷一百九十所引此書今已失傳，似係誌前漢之宮闕並長安之街者。恐與史記高祖紀索隱所引之漢宮室疏，史記呂太后紀索隱所引之漢宮闕疏等書，爲異名同物。參照章宗原隋書經籍志考證卷六，

(廿) 太平御覽卷一百九十七所引。

(廿一) 引用揚雄之長楊賦。

(廿二) 北堂書鈔卷六十三所引。括弧中之文句，依太平御覽卷二百四十一並卷六百八十五之文所補。

(廿三) 太平御覽卷六百八十五所引。

(廿四) 北堂書鈔卷一百二十九所引。

(廿五) 太平御覽卷二百四十一所引。在同上卷六百九十一所引之董巴輿服志中，亦見有略相類之事。

(十六) 太平御覽卷三百四十一所引。

(十七) 原田淑人「漢代之騎射狩獵圖紋」(史林第十三卷第一號)八〇頁。

(十八) 關於鶡冠，鵕鸃冠，忠文冠等，參照王國維氏之「胡服考」就中惠文冠之名稱，不存於漢代，當爲魏晉以後所附加。關於胡幘問題，當伺機詳論之。

(十九) Laufer, op. cit., p. 218. Rostovtzeff, Inlaid Bronzes. p, 60.

(二十) 參照 Tallgren, A. M. Sibirien, Tafels 14. 15.M. Ebert, Reallexikon der Vorgeschichte bd, XII.) F. Sarre, Die Kunst des Alten Persien. Tafels 51.86. 106.等書。

(廿一) Reinach. S. La représentation du galop dans l'art ancien et moderne.

(廿二) Laufer, op. cit.. pp. 221－222.

(廿三) 參照 Breuil, H. Station de l' Age du Renne de Saint-Marcel. (L' Anthropologie T. XIII. 1902) pp, 152－153 fig 3. fig 8. G. B. Brown, the Art of the Cave Dweller. p. 231.等書。

(廿四) Carter, H. The Tomb of Tut-Ankh-Amen. Vol. I. pe. LXII. A.

(廿五) Stows, G. W, Rock-Paintings in South Africa from Parts of the Eastern Province and Orange Free State, pls, 7. 20, 56.

(廿六) Rostovtzeff, op, cit., p. 59.

● 例如依照 Witsen 之發掘，與黃金器具之遺物相伴，發見馬羅尼祿帝（在位年間 54－68 A. D.）及伽爾拔帝（同 68－69 A. D.）之貨幣。(G. V. Merhart, Bronzezeit am Jenissei. S. 153)

● Tallgren, Felsenzeichnung, Sibirien und nord-west Mongolei.（M. Ebert. Reallexikon der Vorgeschichte bd. III）SS. 223－224.

● Fischer. Die Chinesische Malerei der Han-Dynastie, S. 115.

三　秦漢之徭役

濱口重國

「更卒之義務」爲秦漢時代稅役之一目。今就其史料比較豐富之兩漢，一述其義務之內容如下。㊀

漢代除原則上在兵籍者外，對於一般庶民，每歲各爲一月更卒——但在前漢初期，規定於每數年度內各爲五月更卒——課賦其於本籍縣內，有提供勞力於土木事業等之義務。其時民之值役者，謂之踐更，免值者謂之過更。過更復分自發的與他動的兩種，卽踐更者自己厭惡就役而請求過更，與因役事稀少而官免民踐更，惟不問其爲前者或後者，俱應問過更者徵收更賦，卽更卒實役之代償金是也。據其所傳，自發的過更者應納更賦，一月約三百文，至於他動的過更者，所納更賦額，大體亦相近。雖其可作左證之文獻缺乏，然更賦未必卽強要金錢，亦准允以布穀等物代納。

上述之更卒義務，原則上使民在本籍縣內，提供勞力於土木事業等，可稱之爲「地方服勞」

翻觀兩稅法以前之唐代，於地方服勞之外，（即「雜徭」之義務）復有「役」之一目；所謂「役」者，主在中央（首都長安並附近地域）㊁之土木事業上，每歲須服勞役二十日。吾輩於秦漢時代之更卒義務外，稱唐「役」爲「中央服勞」，此問題自古爲一難題，董仲舒對武帝之言可證。前漢書卷二十四上食貨志錄董仲舒對武帝之冗長上言，即董仲舒先讚周代之輕民負擔而言曰：「古者，稅民不過什一。其求易足。使民不過三日。其力易足。民財內足以養老盡孝，外足以事上共稅。下足以畜妻子極愛。故民說從上。」次述及至秦代變化土地私有制，於是豪民恣意兼併土地，或稅役過重等其他原因，使一般農民陷於窮乏。其情狀：

至秦則不然。用商鞅之法。改帝王之制。除井田。民得賣買。富者田連仟伯。貧者亡立錐之地。又顓川澤之利。管山林之饒。荒淫越制。踰侈以相高。邑有人君之尊。里有公侯之富。小民安得不困。又加月爲更卒。已復爲正一歲。屯戍一歲。力役三十倍於古。田租口賦鹽鐵之利。二十倍於古。或耕豪民之田。見稅什五。故貧民常衣牛馬之衣。而食犬彘之食。重以貪暴之吏。刑戮妄加。民愁亡聊。亡逃山林。轉爲盜賊。赭衣半道。斷獄歲以千萬數。漢興，循而未改。

於上文之後，結言「古井田法。雖難卒行。宜少近古。限民名田。以澹不足。塞幷兼之路。鹽鐵皆歸於民。去奴婢。除專殺之威。薄賦斂。省繇役。以寬民力。然後可善治也。」今就上言中之一節而觀：

又加月爲更卒。已復爲正。一歲屯戍，一歲力役，三十倍於古。

本文介於「至秦則不然」與「漢興循而未改」兩句之間，按董仲舒以此論秦制而同時推論漢制者，故本文所示，可大體視爲通秦漢兩代之制度也。然則本文之讀法並其內容尤其是「正」字，應如何解釋之。

依順序，原擬先述本文讀法，惟因過於煩雜，故置最後言之。茲先從其內容考究之。夫「又加月爲更卒」一語，固不待論爲敍述秦漢時代地方服勞之更卒義務。次爲「屯戍」一語。按「屯戍」除董仲舒上言外，並有與之相去不遠之實際的用例，即史記（卷三十）平準書中記：

匈奴數侵盜北邊。屯戍者多。

又同書（卷十）孝文本記二年十一月所記：

今縱不能罷邊屯戍。

漢昭帝時桓寬鹽鐵論卷一本議第一中，亦記：

孔子曰遠人不服。則修文德以來之。既來之則安之。今廢道德而任兵革。興師而伐之。屯戍而備之。暴兵露師。以支久長。

又前漢書卷八宣帝紀地節三年冬十月之詔，有曰：

朕不德。不能附遠。是以邊境屯戍未息。今復飭兵重屯。久勞百姓。

若以上文對照之，則董仲舒上言中之「屯戍」二字當亦作守備邊境之義解矣。不然，如僅「屯」或「戍」一單字固另具種種意義，惟成「屯戍」一熟語時，則除使用於戍邊一義外，其實例據余所知，實未見存於漢代之文獻中也。可以守備邊境之事加說其前。如拙稿「踐更與過更——如淳說之批判」第三節邊境守備中所論證者，前漢時代守備邊境之義務，不問其爲兵士與否，應由全體男子負擔之，其時間回數，原則上規定一年一次。至於秦制如何，雖乏正確之史料，但大約與之同樣。

次爲本節所見之「正」字。翻觀後漢初之衞宏，敍述西漢之制度之漢舊儀所記：

民年二十三爲正。一歲以爲衛士。一歲爲材官騎士，習射御騎馳戰陳。八月。太守都尉令長相丞尉。會都試。課殿最。中略年五十六老衰。仍得免爲庶民就田里。應令選爲亭長。㊂

則此記事之「正」爲何義。在後漢應劭所作之漢官儀㊃及曹魏如淳所引用之漢儀註中，㊄有與右文完全相同之記事。

該文首先言：「民年二十三爲正。」終則爲：「年五十六老衰。仍得免爲庶民就田里。應令選爲亭長。」故卽民年二十三爲「正」，五十六歲免「正」而歸入民伍同時，並給以亭長之資格。其次，在兩句之間者爲列舉「正」之各任務，卽一年間爲衛士，一年間爲警備地方之兵士，兼習戰技，（按材官騎士之語有步兵騎兵之意義，與用於警備地方之兵士之兩種解釋，在玆當屬後一意義。）㊅每歲一次，於八月之交受都試，卽大查閱也。然則，所謂「正」者，乃正卒之略，而正卒者，爲兵士之稱呼，亦卽本論所傳之意義：「選擇民年二十三爲徵兵之適齡，使習正卒（兵士）之謂也。」按正卒在役中之任務，服衛士之事一年，服警備地方之兵事一年，每歲受都試一次，至年五十六歲，乃免去正卒，歸入民伍，賜以亭長之資格。」固彰彰明甚。

漢舊儀之「正」爲正卒之略，而正卒卽兵士之義；換言之，可知漢代呼兵士爲正卒，蓋其目爲兵士，尤其是稱呼正卒者乃所以別於服勞役之徒輩，有更卒之名耳且更卒一語既如此，則正卒之語亦能察知爲襲秦制者。不然漢代（尤其是前漢）之徵兵制度，不僅在組織，卽言南軍北軍之名，衞尉，中尉，郡尉，縣尉，或衞士，材官，騎士等稱，幾皆爲模倣秦制者，㊆故正卒一語，當亦由於秦制——換言之，秦代已呼兵士曰正卒——殆已無疑義可言。又如漢舊儀之制度書籍，不言「爲正卒」而稱「爲正」者，蓋省略故耳。上文既如是，則漢人董仲舒於論秦及漢之上言中，「又加月爲更卒」與「已復爲正」之「正」，同爲正卒之略，（卽兵士意）當亦無何疑義也。然此記事何故略稱爲「正」，一以上文有「又加月爲更卒」，而認正卒之略爲妥當，復以秦漢時代稱兵士爲正卒，若據漢舊儀已明瞭時，則關於「已復爲正」之「正」爲何義，亦不待贅述矣。

要約以上董仲舒上言中問題之一節，論證之如下。「又加月爲更卒」者，乃言更卒之義務，「正」者，正卒之略，正卒者，卽兵士之義，（按漢代正卒之在役年限——卽正卒期內——據漢舊儀所傳，已甚了然。關於秦制之確實與否，固不明瞭，惟在此兵役三十三年間，無疑其近於漢制）㊇「屯戍」

者，爲守備邊境之義。（秦及前漢之守備邊境，原則上應由男子負擔，而前漢則每年規定其時期。）

然則本文宜如何讀法。按本文之讀法，當有多種，惟求適合上敍之前提時，則不外㊈

（A）又加月爲更卒。已復爲正。一歲屯戍。一歲力役三十倍於古。因之，其文意：「有更卒，正卒，邊戍，之三個義務，重於古制三十倍。」惟就文意言，此讀法難表同意。何則，此讀法僅與先前各前提無扞格，至「一歲力役」之一歲，全成蛇足。——既不認一歲二字爲衍字——較之上言其他部分之雄勁筆力，甚不相似。縱然本文與先述諸前提適合誦讀，若不外（A）時，則吾輩究應如何解釋之。且關於（A）之讀法，更有如次之疑問，即「本文若如（A）之讀法則其全體之非難，重在力役一條，且與邊戍或兵役等並列，豈不可笑。」發生此疑問，殆亦難免。然力役一語——與兵役語對比——專指勞動之意義者，乃後世之解法，至在昔之以力而役，固不問爲奉公勞動，邊戍，兵役，一概總稱力役，故一方言力役，一方記邊戍，兵役，當無意外之感也。其次關於「又加月爲更卒」之讀法，一言以解之。最初，曹魏之如淳，解讀本文「又加月爲更卒」一語，解作每歲爲一月之更卒，惟已於拙稿「踐更與過更——如淳說之批判」第二節中給以注意，以爲此種解釋，覺稍無理。規定輪值更卒爲每歲一月者，乃前漢中期以後之事，在其初期，則規定於數年度中，每就役五月耳。——同時，因此推例秦制亦然——是以不若將「又加月爲更卒」一語，解作服數目更卒爲妥。

職是之故，余對本文之讀法甚覺腦漲，有時以漢舊儀之「正」與本文之「正」相同，惟實際又疑其全屬於另一之範疇內。然過於拘泥於字句，曲解事實，終難首肯。⑩結局今日確信如次之斷句。卽欲使本文無衍字，則其讀法應從：

（B）又加月爲更卒，已復爲正一歲。屯戍一歲。力役三十倍於古。爲妥。誠然，正卒期限，僅爲一年，與制度實際，不免有矛盾。然本文爲上言中之一節，若以制度之書籍觀之，而嚴正考求時，似屬無理。且言秦漢時代之正卒期限，亙及三十餘年之久，其實除去衞士一年，地方警備之兵一年外，卽在家休待，而地方警備之內容，不過各在本籍縣內爲之，至於衞士之一年，則番上於京師，爲正卒平時之最大任務。故董仲舒以此最重之負擔爲主眼，曰：「已復爲正一歲」，當非附會之議論也。

以上所述，爲考究本文之讀法，惟（A）（B）互有短長，欲決定其何者爲正時，則甚難。（或另外有適當之讀法，亦未可知）⑫然言其內容，確爲敍述更卒，正卒，（兵士）邊戍三者義務之重也。同時，董仲舒汎論秦漢時代一般之力役，如更卒正卒邊戍等。明證當時存在外，對於服勞則不及一言，而本稿劈頭提起之「在秦漢時代有無中央服勞」一問題，不得不與以否認的解答矣。

在茲恐議論煩雜，而一切忽視之，惟關於董仲舒之上言，論其「正」字之先輩頗多，如曹魏之如淳，(十二)唐之顏師古，宋之錢文子與陳傅良元之馬端臨，(十三)及今人瞿兌之等諸氏，俱困於上言讀法，而具各人各樣之見解。茲特舉敘其代表的二三例，介紹於左：

顏師古於前漢書食貨志董仲舒之上言一節中註曰：

師古曰更卒給郡縣(十四)一月而更者也。正卒謂給中都官者也。率計今人一歲之中屯戍及力役之事。三十倍於古。

徵之顏師古對上言一節，讀作：「又加月為更卒，已復為正，一歲屯戍，一歲力役，三十倍於古。」且以正為「正」卒之略，給中都官者。（按中都官一語，散見於史記，故顏氏解此為京師諸官府或京師之官者）(十五)但顏氏對於中都官以如何之職役，使正卒服之，此點甚欠明瞭。

錢文子對「正」之見解，為極怪異中之一，至其詳細，可參閱該氏撰述之補漢兵志，彼先引用漢舊儀之所傳，斷定爲：「民年二十三爲正之正，爲正卒而正卒之期限，衞士一年，與警備地方之兵一年，共二年。」次言秦漢時代之邊境守備，謂秦及前漢初之邊戍，雖爲一年，但其後不久，卽縮短三日。（蓋錢文子之三日短縮說，乃爲信奉如淳說之結果，惟如說完全妄謬，已於拙稿「踐更與過更——如淳說之批判」第三節邊境守備一項中詳論之。）錢氏於敍述後，引用上言一節，而下批判之言曰：

循而未改。（爲仲舒上言中之一句）謂更卒歲一月。正卒二歲。大略與秦相似耳。其實漢人無一歲屯戍。一歲力役之事也。

其意卽論：「漢有之更卒爲每歲一月，正卒爲二年。邊戍已短縮三日，至一年之力役義務，秦有而漢無之。要之，亦如董仲舒所言『漢與循而未改』，漢代大體採行秦制」，惟錢文子對秦漢時代奉公勞動並「正」之見解，以及該氏以董仲舒上言之一節讀作「又加月爲更卒。已復爲正。一歲屯戍。一歲力役。三十倍於古。」固甚明白。

陳傅良著有歷代兵制。今觀其卷一秦之兵制所記：

民年二十三。（中略）則給公家徭役。給郡縣一月而更謂更卒。已復給中都一歲。謂正卒。已復屯邊一歲，謂戍卒。

此文明顯係讀董仲舒之上言「又加月爲更卒已復爲正一歲屯戍一歲力役三十倍於古」者，給中都（卽京師）一歲之「正」稱作正卒。然上述陳傅良之說，過於簡單，彼之想像爲「正卒任務之一，各給中都一年」歟？或「爲一年正卒給中都」乎？甚欠明晰，若彼之見解爲前者，則與余之考說，爲同一之意見。然歷代兵制如其名之所示，僅敍兵制，但就引出此不必要之更卒言及而推斷之，陳傅良或屬後者之見解，卽解作「秦代兵士在役中之任務，每歲各爲一月之更卒，負地方之警備，復爲正卒一年，任守護京師，復爲戍卒一年，以當邊境之守備。」乎？甚屬可疑。

據今人瞿兌之之所著漢代風俗制度史前編之「稅役篇徭役」並「軍制篇軍隊種類」所記，約云：「漢代除兵士外，復有更卒正卒戍卒之三者。按更卒之義務，爲奉公地方的勞動；正卒之義務，爲奉公中央的勞動（各服役一年）戍卒之義務，爲當時全體之人民應負之守備邊境。」引用其左證之董仲舒上言，且其讀法爲：

又加月爲更卒已復爲正一歲。屯戍一歲。力役三十於古。以仲舒上言之「正」，如是解釋固爲當然之結果但卽依漢舊儀之「正」，認爲指稱服役於中央之徒輩，亦平然無疑也。

〔註〕

㈠ 請參閱東洋學報第十九卷第三號拙稿「踐更與過更——如淳說之批判」及同學報第二十卷第二號拙稿「同補遺」。

㈡ 唐代於洛陽並其附近之土木事業，亦驅使服役中央之徒輩，惟在茲省略之。

㈢ 在今日普通刊行之漢舊儀中，記「民年二十三爲正。一歲。而以爲衞士」。及「就田里民」。但「而」與「民」字文意不通，當爲衍字，荷與註㈣㈤中所揭漢官儀及漢儀註記載對照之，則明甚。

㈣ 按漢官儀一書已散逸難窺全豹，惟後漢書卷三十八百官志「亭」條中，梁劉昭之註曰：「漢官儀曰。民年二十三爲正。一歲以爲衞士。一歲爲材官騎士。習射御騎馳戰陳。八月太守都尉令長相丞尉會都試課殿最（中略）年五十六老衰。仍得免爲民就田。應令選爲亭長」。

㈤ 史記卷七項羽本紀「漢王間往從之。稍收其士卒至榮陽。諸敗軍皆會。蕭何亦發關中老弱未傅悉詣榮陽」之集解中：爲「如淳曰。（中略）漢儀註。民年二十三爲正。一歲爲衞士。一歲爲材官騎士。習射御騎馳戰陳。又曰年五十六衰老。乃得免爲庶民就田里。」漢儀註旣歸散逸。且撰者不明，惟相傳爲後漢人敍述前漢之制度者。依此理由，亦有人以爲此書與衞宏之漢舊儀爲異名同物。

⑥ 前漢書卷二十三刑法志：「天下旣定。踵秦而置材官於郡國。京師有南北軍之屯。」按此材官，亦爲地方警備兵之一例。蓋地方警備兵，於各自所屬縣內就其任，而縣尉總轄之。但至後漢，解除地方警備之任。

⑦ 參照前漢書卷十九上百官表，同書卷二十三刑法志。漢代因採用郡國制度，其確立時，（卽約在武帝登極以前）乎時漢室總掌者，僅爲漢室直轄地之兵，王國各自私養兵於管內，故就此點論，與秦制大異。然其組織，尤其是漢室直轄地所施行之處，幾全襲秦制。蓋兵士在役中之第一任務，爲一年之衞士，服役於長安衞尉統率之下，形成南軍，以當天子之儀仗並宮成守護之任，其（衞士）另一部，則支配於京師之各官廳及其他之警護。（至王國方面，兵士服役於長安所無之王都，以爲衞士）第二任務，在本籍縣內縣尉指揮之下一年，任地方警備，兼習戰術，各縣尉受郡尉（後改稱都尉）之監督。（在王國方面，於縣尉之下，服役警備。）長安並附近地方之兵，則成北軍，以中尉（後改稱執金吾）指軍之鎭護，長安成內外，惟此不過爲地方警備任務之一變形而已。（至王國有無此事則不明瞭。）第三任務爲每歲受都試一次。除以上諸任務時之外，則在家歸休，專待有事出征。迨郡國制度旣破，擧天下而歸中央直轄，則王國之兵士，原則上，亦服役衞士於長安，且總掌從前王國武事之中尉，改爲與郡尉同等之職掌。至後漢，解除地方警備之任，於是前漢武帝時之募兵，在徵兵之外，漸次出現。

⑧ 據漢舊儀所傳，以前漢時代兵士之在役年限，規定由二十三歲至五十五歲，共記三十三年，惟此非漢初制度，曾有由

景帝二年迄至其後某時期，係定二十歲以後之某十年。惟關於其詳情，當由考究更卒義務年限時敍述之。

(九) 欲適合上述各前提而讀之，不外（A）者，應稍加說明。要之，本文之讀法，問題在「已復爲正」與「屯戍」間所介在之「一歲」，以之結於上句，或結於下句。然結於上句時，因違反正卒期限之三十餘年之事實，故仍不外「又加月爲更卒。已復爲正。一歲屯戍。一歲力役三十倍於古。」其次誦讀「已復爲正。一歲屯戍。」乎？抑將兩句完全隔離；以「已復爲正」爲兵役，「一歲屯戍」爲邊戍之義務，然乎？否乎？若從前者，則邊戍僅爲正卒之任務，此與當時之邊戍不僅兵士，且爲全體男子之義務發生矛盾。（例如漢舊儀亦以邊戍由兵士在役中之任務內除外之。）若擧述正卒之任務，對其他亦適當，例如一年衞士，應有服務之事，故以後者之讀法爲妥。

(十) 董仲舒上言之「正」與漢舊儀之「正」，屬於個別之範疇乎？此疑問之不當，由註(十二)便敍之。

(十一) 苟單就董仲舒之上言考察之，則結論必如左。蓋仲舒之上言，無論誰觀之，皆自然讀作「又加月爲更卒。已復爲正一歲。屯戍一歲。力役三十倍於古。」既若是，即使「已復爲正一歲」，必當時相傳奉公中央的勞動之規定，而文意當爲：「正卽正〇，每一年間服奉公勞動於中央。」誠然，此說最有理由。然對當時地方的服勞者，既毫不省略，稱之曰更卒，則同時代奉公中央的勞動者，稱此等值役之徒，曰正〇，此正〇，除爲正卒外，不能有其他也，但已與漢舊儀所傳：「秦漢時代，目兵士曰正卒」之事實，發生正面衝突。必欲主張此見解，不得不以下列二項其前提，一爲董仲舒上言中之本文，明示秦制而絕對不示漢制；二爲呼兵士爲正卒，僅限於漢代。吾輩確信此前提容認甚難，今再讓數步，卽如所說：「秦代有正卒更卒二稱呼。前者爲奉公中央的勞動，後者爲服役地方者。此二稱呼，漢代仍沿襲之，惟就中對於前者，轉變爲兵士之稱呼矣。」然則如何能指明其內容之轉變，（即如所說此變化之發生）就吾儕常識論，終難首肯也。故上言之「正」，認爲服役中央徒輩之稱呼實不可能。是以吾輩以上言之「正」爲正卒之略以外，（即兵士之謂）不得以他物比定之。

(12) 關於如淳之說，可參照前漢書卷七昭帝元鳳四年春正月所記「三年以前逋更賦。未入者，皆勿收。」之顏註，及拙稿踐更與過更——如淳說之批判」第二節。

(13) 文獻通考卷百四十九，百五十。（秦漢之兵制）

(14) 不僅顏師古如此解釋，即許多前人，亦俱解作爲更卒給郡縣力役，惟此議論，不甚正確。何故？如拙稿「踐更與過更——如淳說之批判」補遺中引用律說論證之，按爲更卒所負之力役，因原則上各在本籍縣內從事土木事業者。

(15) 在前漢書卷八宣帝紀本始元年五月「鳳凰集膠東千乘。赦天下。賜使二千石諸侯相下至中都官吏六百石爵各有差。」一條之顏註曰：「師古曰（中略）中都官，謂在京師諸官也。」又神爵元年三月「西羌反發三輔中都官弛刑」顏註曰：「師古曰：中都官。京師諸官府也。」

四　唐宋之草市

加藤　繁

一、緒言

著者最近曾發表一論文，㊀題爲「唐宋時代之市」係就唐宋時代縣治州治等較大之都會市而考證之。然而市也者，不僅此州縣治等較大之都會有之，即鄉間小都會甚至村落亦皆有之也。本文即以此類小都會與村落之市爲討論對象。惟本文與前著之州縣治等市，暗有連絡，兩者須並觀之，始能窺見唐宋時代市之全體也。

二、草市

考察唐宋時代之小都會與村落之市，最先逢着者爲草市問題。關於此種研究，著者曾於大正十五年史學雜誌一月號中論及之。其後昭和三年五月在史學大會之東洋史部會內，復經修正。本文所述，爲依據前述之研究與最近之若干考察。

夫唐朝之市僅設於縣治以上之都會。據唐會要卷八六景龍元年十一月之勅語：

諸非州縣之所，不得置市。其市當以午時擊鼓二百下而衆大會，日入前七刻擊鉦三百下散。

其州縣領務少處，不欲設鉦鼓，聽之。

卽可明瞭文中不得置市之處，例如長安之東市西市等商業區域，至「其市」以下之規定，係指各處開設之定期市而言。要之，唐朝僅許州治縣治等商業區域置市。商業不單行於州治縣治之處，其下之小都會與村落，雖有規模大小之差別，然未有不行商業者。揆其時朝廷對於小都會與村落之商業，亦非故意禁止。而所以如是規定者，以州縣治之商業，宜行市之制度，附有強制的意義。至其以下之小都會與村落商業，乃任民自由，當屬非強制的。唐朝之市，限定於一定區域內，以設立商店爲原則，復依商店種類而聚集，形成同業商店街，設置行頭。視該市之都會等級（州縣等別）委任市令，市丞等官吏，對於本市商人，課以一定之賦稅，㊁依照若是之規則而設置於州治縣治者，始正式稱爲市。至縣治以下之小都會與村落等商業區域，則置於適用範圍以外。景龍元年之勅語「諸非州縣之所，不得置市」者，可視作申禁地方官憲對於小都市與村落等商業區域，擅自施行市之制度者。如上述見解無誤，則縣治以下之小都會與村落等商業區域，不得不用市以外之名稱，以資區別，所謂草市者即是。

考查唐宋書籍中草市之紀錄，悉在州縣城之外，其位置有近於州縣城垣者，有遠離者。據全唐詩王建之汴路即事一詩：

草市迎江貨，津橋稅海商。

由此可知唐之汴州城外附近，設有草市。溯航汴河之客船，積載揚子江沿江地方之貨物，在此卸售。又據續資治通鑑長編卷二五一熙寧七年三月庚申：

詔京城門外草市百姓，亦排保甲聞多是城裏居民逐利去來，今爲保伍，人情非所便安，況又不習武藝，排之亦無所用，可速罷之。

可知東京開封府之城門外，亦有草市。按宋之開封府，即唐之汴州也。此都市經五代至宋代，逐漸擴展。右述通鑑長編中之草市，未必即與王建詩中之草市一致。惟宋代亦有與唐時相同附近城垣之草市。據三朝北盟會編卷二三六，紹興三十一年十月二十四日。

……有贓敗人王訓者居於鄂州南草市賣私酒起家。妻女婢妾皆娼妓結識總漕兩司屬官，時復羣飲於訓家，訓出羣娼以奉之。

右文引人注意者，爲鄂州南草市文中紀述總漕兩司屬官，卽所謂總領財賦者與轉運使之屬員時羣飲於該市酒肆，可見該市地點離城垣頗近。此爲草市設於近城之一例。他如五代會要卷二六。張禮城南遊記，南部新書卷壬及辛，建炎以來繫年要錄卷二一，默記卷中，老學菴筆記卷六等書中，俱有相類之紀述。㊂又據元和郡縣志卷二七，江南道沔州汊川縣一文中：

赤壁草市在縣西八十里，古今地書多云曹公敗處。

可見汊川縣西八十里之處有一赤壁草市。在唐會要卷七一，州縣改置下，河北道德州歸化縣一文中：

開元十三年，橫海軍節度使鄭權奏：當道管德州安德縣，渡黃河南與齊州臨邑縣鄰接，有灌家口草市一所。頃者成德軍於市北十里築城，名福城，割管內安德平原平昌三縣五都，置都知管勾當㊃臣今請於此置前件城，緣隔黃河，與齊州臨邑縣對岸。又居安德平原平昌三縣界，疆境闊遠，易動難安，伏請於此置爲上縣，請以歸化爲名。從之。

文中紀述灌家口草市築城而爲歸化縣。因該市距隸屬之安德縣過於遙遠，可以右文證明。又同書宗州永濟縣文中：

大曆七年正月，以張家橋行市爲縣。㊄

所謂張家橋行市，亦不外爲草市。據續資治通鑑長編卷二八〇熙寧十年三月乙巳：

詔戎瀘州沿邊地分，蕃漢人所居去州縣遠，或無可取買食用鹽茶農具。人戶願於本地分，與置草市，招集人戶住坐作業者，並先於本縣投狀保明，申轉運司，差官相度。經久可行，以聞，方許興置。依例出納酒稅課利，以本路轉運司所請也。

可知戎瀘州沿邊僻地亦置草市。據金石萃編卷一五六，雲寂院鐘款之文：

按雲寂院今謂之雲寂寺。在邠州淳化縣西南一里。（中略）此鐘鑄於大定二十九年。（中略）款列住持以上至淳化縣令止，九十七人，姑存其姓名。內有鑄鐘大鑑，富平縣畐名村劉閏，畐字不可識。此後周刻男女姓名一百三十餘人大都皆助緣人今皆不錄。然其中村名。有曰崇德村，李譚空村，盈倉村，□保村，□泉村，甘村，車馬村，安樂村，俱□村西甘村，巨店，東埪村，百家谷，留砦村小磑社，東草市，賀莊村，孟㨂村，秋社村，四泉村，西陽口，屯莊，北步昌，東甘皆[illegible]村莊之名。可資志乘考證，識此以備採。

由此可知在金之大定中，陝西邠州富平縣境內，有東草市之村莊。前述數草市皆爲距離城較遠者。總而言之，由唐至宋之草市有接近城垣者，有遠離者。著者嘗論草市其主要爲接近州縣城而設，㊅否則依上所記得明之。

關於草市賣酒之紀事頗多，如王銍之默記卷中所載：

（上略）劉莊恪公平初及第，爲常州無錫尉時有巨盜在境上，（中略）乘節日至邑之草市飲酒。

又陸游村居詩❶：

草市寒沽酒，江城夜擣衣。

又范成大詩㈧

遠尋草市沽新酒，牢閉蓬窗理舊書

按唐宋時代之酒肆，大抵與其他商店共存一處，通常徵收酒稅多連及商稅者，故草市之有酒肆，同時亦能想見有其他商店也。又前文引用續資治通鑑長編卷二八，熙寧十年三月乙巳詔中一段：

戎瀘州沿邊地分，（中略）去州縣遠，或無可取買食用鹽茶農具，人戶願於本地分，興置草市，招集人戶住坐作業者。

戎瀘州沿邊之地，亦感鹽茶農具等購買不便，故置草市，招集販賣商人，開設店舖營業。所謂住坐者，爲宋代文獻中常用語，即住居之意。㈨住坐作業者，即指設店營業而言。至草市地域之大小，各有不同，如灌家口草市升爲縣治，當係相當繁華之都會，同時，雲寂院鐘款所載之東草市，僅有一村之大，可知其範圍互有不同也。惟可斷言者，不問其市之大小，俱爲若干商店之並立營業而形成一商業區域者。是以未設有商店，唯於定期市中舉行買賣者，不得以草市稱之。

草市之起源頗古，其詳細情形則無法稽考。據水經注卷三二，肥水文中：

肥水又西，分爲二水，右卽肥之故瀆，遏爲船官湖。肥水左瀆又西逕石橋門，□亦曰草市門。外有石梁渡北湖，洲上有西昌寺，肥水又左納芍陂瀆，瀆水自黎漿分水，引瀆壽春城北逕芍陂門右，北入城。

右記草市門爲壽春城門之一，足證草市在城門之外。後世書籍中亦有此種記載，如太平寰宇記卷九昇州上元縣之記載中：

古建康縣，初置在宣陽門內，晉咸和三年，蘇峻作亂，燒盡，遂移入苑城。咸和六年，以苑城爲宮，乃徙出宣陽門外，御街西，今建初寺門路東。是時有七部尉，江尉在三生渚，西尉在延興寺後巷北，東尉在吳大帝陵口，今蔣山西門，南尉在草市北，湖宮寺前，北尉在朝溝邨，左尉在青溪孤首橋，右尉在沙市。

晉咸和時，自將宮闕徙往苑城後，遂置七尉於城外，其中之一尉（南尉）在草市北。考察景定建康志卷一六，疆域志二，亦節錄前記之寰宇記文：

宮苑記，南尉在草市北湘（湖之誤）宮寺前，其地在今上元縣治東北。

右宮苑記所言，與寰宇記相彷彿。宮苑記出於何時，不得其詳，恐係晉宋間物，依據寰宇記中七尉之記事者。然則東晉時卽有草市之存在矣。依照曾我部靜雄博士之指示，⑩南齊書卷五〇，鄱陽王寶寅傳中廢帝東昏侯永元三年張欣泰之亂，寶寅入臺城（宮城）拒之，逃至草市尉處一段：

（上略）日已欲晴，城門閉，城上人射之，衆棄寶寅逃走，寶寅逃亡三日，戎服詣草市尉，尉馳以啓帝，帝迎寶寅入宮。

按齊之臺城卽東晉咸和時在苑城所築之宮闕也。所謂草市尉必係東晉建康城外七尉之一。（南尉）以其在草市北，故稱草市尉。右南齊書之紀述，編入資治通鑑卷一四四齊紀，和帝中興元年七月中，文下胡三省之註曰：

臺城六門之外，各有草市，置草市尉察之。

據此處解釋，在齊時曾改昔日之七尉爲六尉，但謂之六門之外均有草市而置草市尉者，恐非事實。草市尉如前所述，係東晉時之南尉，以其在草市之旁，故名草市尉。當時建康城外之所謂草市，僅有其一。並非六尉皆爲草市尉，據右紀述，頗資左證。而胡三省言門外各有草市一語，恐係以宋末情形律古耳。

由前論推斷，可知草市一語，由東晉以來，即已存在。但其語意是否與唐宋時代者相同，則難言其詳。夫草字意義，可作兩種解釋。其一爲草本植物之總稱，如草料草場等用語，爲唐宋時常用者。六朝時，草作如是解釋者，如梁顧野王之玉篇卷一三：

芻蕘草薪也。

其一爲粗末粗略之意，如史記陳丞相世家與後漢書郭太傳等書均用之。按草市最初原意，諒係採用前一字義。草市在晚近中國之大都會中，猶見其存在，且沿用草市之名稱。如北平前門外珠市口至天橋一段，間有以草爲商之店舖。在不久以前，尚有草市之舉行。[12]惟北平草市，乃在城中僻巷，而古代草市，均開設城外附近之處。其後以此爲中心之市井等商業區域，逐漸發達，於是不問草市之有無，城外市井均以草市名之矣。另一見解，城外市井較城內者爲粗野粗惡，凡城外商業區域，不問其距城遠近，一律以草市稱之。關於其字義遞變之時期，無法考證。惟唐時設市，祗限於州治縣

治，似可根據後一字義解釋之，

草市一語，在唐宋時代有指稱城外小市井者，亦有用於「草」市者。元朝以後，廢止城外小市井之用草市名稱，直稱爲市迄至輓近。在中國，一語同時包含數種意義，乃數見不鮮之事實，無足爲怪。

茲再就蘇軾及胡三省兩氏關於草市之記載一述之。據東坡全集，乞罷宿州修城狀：

宿州，自唐以來，羅城狹小，居民多在城外，本朝承平百餘年，人戶安堵，不以城小爲病。兼諸處似此城小人多，散在城外，謂之草市者甚衆。豈可一一展築外城。

蘇氏以城外民居之處，俱稱草市。當時以都市擴展，影響近城草市之發達。是以草市一語，常指稱爲近城之處。但其意義未盡，已於前述。參照續資治通鑑長編卷二八〇，熙寧之記事，當可明瞭。又據資治通鑑卷二八一晉天福二年六月，甲午，天雄節度使范延光謀反，遣兵滑州城外焚草市。文下胡三省之註爲：

時天下兵爭，凡民居在城外，率居草屋，以成市里。以其價廉功省，猝遇兵火，不至甚傷財以害其身也；此草市在滑州城外。

胡氏註說草市名之起為五代時，城外市里百姓，減輕兵火之損害，故搆草屋以居此說當能測知其時若干眞相，但草市語源卽於此求之，則未免誤甚。

草市之為地名，在明清地理書中時見及。例如明陶承慶著之商程一覽卷下休寧縣至杭州府水之記載中：

（上略）溪南草市，黃墩，煙村。

在吉安至茶陵州水與袁州府至茶陵州水之記載中，均見草市之名。大清一統志卷二六八，荊州府：

草市，在江陵東。

據江陵志卷九：

草市，在縣東三里。

按此等恐係距離州縣治之村鎮，當非「草」市之謂。又如前述北平「草」市之樣，其他州縣城內或城外附近販秣草之市，猶恐不乏其例。惟此等草市，欲一一明瞭其起源，實非易事。參看商程一覽與大清一統志等書籍之草市，恐皆爲唐宋以來者。如北平草市之類，當係後世所發起，決非沿襲唐宋時代者。

三、鎮市

由唐代至宋初，構成縣之地方區分者爲鄉，元和郡縣志中於州下則揭示鄉數，宋太平寰宇記中於州下亦僅揭鄉數。迄至元豐九域志始改革前法，一新面目。於每縣之下列舉鄉鎮之數目與名稱。故參閱今日南宋時代之州縣志中，皆列舉鄉鎮。此於地方制度之發達上，頗堪注意者。夫鎮之爲地名，始見於後魏，惟當時僅爲大軍屯駐州縣之特殊稱號。鎮之名，迄存續於齊周隋唐至五代，惟其內容，則次第嬗變。唐末五代時，在節度使管內設鎮甚多，委置鎮使或鎮將，率領兵馬，其糧餉器甲之費，概徵於民，致地方行政之實權，由刺史縣令而歸屬鎮使鎮將，馴致空前之武斷政治出現。按當時之鎮數，據宋談鑰之嘉泰吳興志卷一〇所載，宋初湖州五縣管內，設鎮共二十有四。及至宋太祖太宗等時代，奪取節度使權力，同時罷免鎮使鎮將，遷其職權於知縣，所有之鎮，大半廢止，惟於商業繁盛之區，則暫保存此制，委置監官，掌管煙火盜賊並商稅權酤之事。至駐屯兵馬，盡量選擇殷賑之地，一反從來之傾向，自是以後，鎮不過是一小商業之都市矣。據嘉泰吳興志卷一〇之記載，景德初，二十四鎮，廢其八，存十六，惟據元豐九域志則有異，僅留六鎮，至嘉泰修志之際，關於鎮之興廢，列舉一二，總計之，亦爲六鎮。蓋自開國至神宗，無用之鎮，盡行裁汰，同時，交通衝要而盛行商業或手工業之鎮，益形發達，漸成正式之小都市，鎮之興廢，於是遂定。査元豐九域志之編者，除記集合農村之鄉外，並承認小都市之鎮的特殊地位，地志上鄉鎮併載，甚爲適當。

爲確定鎮之性質，姑引用宋會要食貨十五商稅項之記載，以資讀者明瞭，參照該項記載，熙寧十年之統計，東京開封府界之商稅務所在地及其稅額如下：

	貫文
管城縣	一一、五一二·四一七
酸棗縣	三、一五二·三九五
韋城縣	五、九七一·四一六
陳留縣	六、七六八·一〇三

封丘縣	四、七一三〇四〇
襄邑縣	七、八一四・八七七
中牟縣	四、六一一・八七〇
新鄭縣	三、三〇六・六一七
咸平縣	九、六三五・三七四
長垣縣	九、四〇五・一八一
鄢陵縣	一、二一四・三九一
太原縣	一一、八六七・六二三
雍丘縣	一三、五二七・二五八
考城縣	五、六七三・六三八
東明縣	五、四二一・二二六
陽武縣	六、二二〇・八八五

尉氏縣	七、四七七・一五四
扶溝縣	二、四九七・三五七
胙城縣	一、六二八・〇六八
白馬縣	四、二〇七・七三〇
滎陽縣	一、三八四・九四二
滎澤鎮	一、七一三・九七四
武邱鎮	二、〇九四・〇六二
河口鎮	二、六六七・八三三
萬勝鎮	三二三・〇三四
陳橋鎮	二〇五・六七八
郭店鎮	二、八二五・六五二
圍城鎮	九六二・二八六

原武鎮	二、二二七·七八二
宋樓鎮	九四三·三九七
張三賈鎮	一八一·三六九
建雄鎮	一、五八五·〇一八
白皐鎮	六六一·七〇三
靈河鎮	二三四·二四〇
李固鎮	一、二九六·一九五
馬欄橋（鎮）	二、一七一·四一四
崔橋（鎮）	七九四·六一四
陽武橋（鎮）	一、五四六·八六〇
張家渡	六六四·〇二九
李家渡	九三七·九六八

朱家曲	六五三・九九〇

總計四十一稅務中，置於縣治者二十一務，置於鎮者十七務，其餘三務置於不及鎮之聚落中。

據元豐九域志卷一所載開封府管內之鎮，共計三十有五。就中各鎮名稱，與宋會要商稅中所載略有出入，若精密比較之，九域志中鎮之半數似置稅務者。又熙寧十年西京河南府之稅務所在地及其稅額如下：

在府	三七、九四三・九八四貫文
鞏縣	一、四〇七・三〇四
永安縣	一、五一九・〇六二
偃師縣	八七三・〇九七
緱氏縣	一、四九五・〇八三
壽安縣	九五二・四八三
新安縣	五五二・九七一

永寧縣	一、〇七八・五〇二
澠池縣	四、六二九・九八八
長水縣	七六六・一九八
密　縣	三、二三九・六九五
登封縣	一、三二五・一〇三
彭婆鎮	六一五・九五二
潁陽鎮	三三七・八三七
白波鎮	二、六七四・四一八
曲河鎮	八八七・九一四
長泉鎮	八三六・六〇五
三鄉鎮	二、一六三・一四八
伊闕鎮	一、七二二・九八九

費莊場（鎮）	五六六・七七九
伊陽鎮	一、三八九・四三五
府店（鎮）	五七〇・〇〇〇

總計二十二稅務中，置於府治及縣治者十二務，置於鎮者十務。參照該志卷一中所載，河南府管內之鎮計二十有二，置有稅務者，約占其半。設置稅務，祇須擇商稅徵收便利之地點，未必俱為繁盛之都市，惟事實上要為商業或手工業發達之區。職是故，東西兩京管內鎮之半數，置有稅務，頗足表示鎮之聚落性質矣。參看上表，東京管內縣治之稅務額數，大體均為數千貫，至於鎮之稅額，多則一，二千貫，少則數百貫，較縣治稅額為少；但在西京管內則不然，鎮與縣較，並無遜色。又據宋會要商稅項，熙寧十年之統計，京東路密州所屬之陽信鎮務稅額數一〇，五七六貫八一八文，而不及州治稅務之三六，七二七貫二五六文。惟如安邱縣最高額為六，四七四貫九三五文，則陽信鎮實駕過之。[12]至萊州所屬之海倉鎮稅務額數一二，九二一貫〇九〇文，較之州治之六，二四一貫三七五文與縣稅最高額之膠水縣五〇八三貫，一九四文，實超兩倍以上。[13]再查兩浙路秀州所屬之青龍鎮稅

務額數一五八七九貫四〇三文，雖較州治稅額爲低，然猶遙勝其中各縣之稅務額數。⑭鎮數之多寡，與其發達程度等，固依地方情形而有不同，惟敢斷言者，鎮商業不劣於州縣，有時或猶凌而上之。

由上論推斷，可知宋朝鎮之發達，實開地方制度一新面目，而所謂鎮，恐係草市之發達而形成者。據元豐九域志卷一，東京開封府，延津縣之記載中：

延津，京東南九十里，五鄉草市一鎮，有上山黃河金隄酸棗臺。

文中詳示草市鎮，自係由草市發達而成者，毋待贅述。由此可以推知不表榜草市名之鎮而實由草市發達形成者，尚不知凡幾。草市原爲普通名詞，惟在某一範圍內，草市爲唯一者，不虞與其他混亂，如草市之上冠以本來之地名爲某某草市等類。及後以某某草市略稱某某（地名）者，當屬不少。在宋代此類由市發達而形成之鎮，遂於該地之地名下加一鎮字爲某某鎮矣。是以鎮雖不附草市之名稱，然考究其前身，泰半爲草市，可無疑意。如前述唐開元十三年，改灌家口草市爲歸化縣，及至宋代，則廢歸化縣而稱鎮，在太平寰宇記卷六四，河北道德州安陵縣一款中詳記之，在元豐九域志卷二，河北東路德州一款中，記其廢縣爲鎮在乾德六年。此類由草市而稱縣，更由縣而改鎮，屢見不鮮。總之，此爲草市稱鎭之一例。

依照南宋之府州縣志，常多鎭市並舉。例如景定建康志中，特設鎭市一項，先舉淳化鎭以次之十四鎭，更記湯泉市以次之二十餘市，並註明其所在地點。寶慶四明志中，鄞縣等縣志亦俱列舉鎭市之名稱與其所在地點。咸淳臨安志，則鎭市分別記載其名稱與位置。按當時地志雖記述形式互有不同，然列舉鎭市則一。此類之市，有近於州縣城垣者，有遠離者，據景定建康志卷一大鎭市一款：

湯泉市，在上元縣神泉鄉湯山延祥院之前，去城六十里。

棲霞市，在上元縣長寧鄉攝山棲霞寺之前，去城四十五里。

索墅市，在索墅坊，在上元縣清化鄉，去城五十里。

泉都市，在上元縣泉水鄉，亦名龍都，去城五十里。

東流市，市有橋，曰東流，以水流自東因名之，在上元縣宣義鄉，去城四十里。

花林市，南至曹村五里，北至大江十二里，齊梁諸墳多在，其地屬上元城淸風鄉，去城三十五里。

龍灣市，在上元縣金陵鄉，去城一十五里。

竹篠市，在上元縣長寧鄉，去城二十里。

蛇盤市，在上元縣開寧鄉，去城二十里，有館驛。

麒麟市，在上元縣開寧鄉，去城三十里。

（中　略）

東口市，在城南長干橋下東，今烏衣巷口是。

西口市，在城南長干橋下，今西街口是。

小口市，在城西南，江寧縣安德鄉。

（下　略）

又據寶慶四明志卷一三鄞縣志中鎮市一款：

小溪鎮句章鄉○下略　　橫溪市豐樂鄉

林村市桃源鄉　　甬東市萬齡鄉

下莊市　　東吳市

小白市（並陽堂鄉）　韓嶺市

下水市（並翔鳳鄉）

列舉一鎮八市，而同書卷一二倉庫務場之記載中：

小溪酒務（句章鄉，去縣四十里。○下略）

下莊酒務（陽堂鄉，去縣三十里。）

林村酒務（桃源鄉，去鄉三十里。）

（中　略）

小溪稅場（與酒務同置）

（下　略）

由此可知小溪鎮置有酒稅務與商稅場，而林村市，下莊市僅設酒務。在同書卷一四及一五之奉化縣志與卷一六及一七之慈溪縣志中，亦見及與前述同樣事實。因此足證市之性質，與鎮同為一種聚落也。

前述各市，爲見於南宋之地志者，但關於市之名稱，在北宋時代或以前卽已存在。例如續資治通鑑長編卷四七咸平三年十月甲辰一款中：

（上略）懷忠〇宋將楊懷忠距富順六七里，地名楊家市，少憩焉。

又宋會要食貨一五商稅熙寧十年之統計京西北路潁州款中：

王家市　三百七十貫七百文

荆湖北路，鼎州款中：

高店市　六百四十六貫四百九十三文

廣南東路，賀州款中：

舊在城及遨崗市，武安短潭市，北度樊村市，大鄉市，太平市，古潭市，川石市，句博市，古城亭步市，賓城市，馮乘市，大山市，廣利市，白霞市，龍崗龍合市，龍腹市，遨峽溪市，淸河市，寶建市，桂嶺市，二十一務，歲二千四百三十貫。在城三千二百三十八貫四百七十一文。

又據咸淳毗陵志卷三無錫縣，坊市一款之記載：

望亭市在縣南。新安鄉風土記云：隋文帝，至德二年置。[15]

至正琴川志（琴川卽常熟縣），卷一市之記載：

塗松市在縣東北去縣百五里，舊爲鎮，元豐間省爲市。

參看前記各款，可知此等之鎮，原由草市遞變而來。惟在南宋地志中，鎮市相等。不呼草市而簡稱市，恐早已通行。不僅如此，猶有認識與鎮平行之小商業（或工業）都市的必要。據續資治通鑑長編卷二五二熙寧七年四月甲午：

詔諸城外草市及鎮市內保甲，毋得附入鄉村都保，如共（其之字誤。）不及一都保者，止令廂虞候鎮將兼管，[16]從司農寺請也。

在此見及城外草市與鎮市之分別。蓋城外草市，係指城外附近之草市而言。又同書卷三七六元祐元年四月己酉：

提舉河東路保甲司言。（中略）今欲乞應坊郭草市鎮市義勇及舊係義勇之家，改排充保甲。見教閱者，每戶只差一丁，其餘不限人數，更不累差。（中略）詔，三路坊郭鎮市人戶，依條合排充，不教閱保甲。

在此見及坊郭草市鎮市並坊郭鎮市。按坊郭係城內之市街，而草市亦爲近城者。詔中所謂坊郭鎮市，將接近城坊之城外草市略去，以坊郭一語代之。參閱右述二條記載，可知神宗之熙寧時，鎮市二字業已通行，且在某種情況下，市與鎮在行政上同樣處理。由此論之，神宗時代草市發達爲鎮，再由鎮而成小商工都市，仍稱爲市。故不見於元豐九域志中，在神宗時代當可見及此種新的意義也。以上列舉之市，均可如此解釋之。但其大形發達與爲數頗多者，乃南宋時代之事。

前記三朝北盟會編卷二三六，紹興三十一年十月二十四日之條：

贓敗官人王訓者，字子厚，居於鄂州南草市。

在此可以推知鄂州近城而有南草市。又據入蜀記卷五，乾道六年八月二十三日條：

便風挂帆，（中略）食時至鄂州，泊稅務亭，賈船客舫，不可勝計，銜尾不絕者數里，自京口以西皆不及。（中略）市邑繁富，城外南市亦數里，雖錢塘建康不能過，隱然一大都會也。

吳船錄下卷淳熙四年八月辛巳條：

辰出大江，午至鄂渚，泊鸚鵡洲前南市堤下，南市在城外，沿江數萬家，廛閉甚盛，列肆如櫛，酒爐樓欄尤壯麗，外部未見其比。

文中詳紀鄂州城外之南市，居民竟及數萬家。查南市與南草市同在鄂州城南附近，當卽同爲一地。蓋南市作鎭市之市解，原爲草市，而南草市乃係直呼之者。

總而言之，宋代鎭與市等小都市之勃興，爲顯明事實，至其前身爲草市，亦爲公認者。而關於草市之起源，或爲農村，或爲館驛，或爲關隘，或爲旅館中心之小部落，或爲橋畔渡頭人之集合處等等而形成者，試觀其名稱，卽可窺知。至發展爲鎭爲市之過程中，或直呼爲草市，或須經一種應呼之階級，則各有不同。

至於鎭與市之大小比較，則鎭爲大，市爲小，鎭常有升爲縣而下置市，市亦常有升爲鎭者。鎭變成縣與縣縮爲鎭，在元豐九域志中常見之。而鎭爲市或市爲鎭，亦爲南宋地志中所常見。是以鎭與市之大小比較，甚難斷言。蓋鎭之成立，不僅爲市街地，並包括其周圍若干耕地與未墾地之山澤等，在南宋末葉之鎭市，乃指市街地而言。鎭市之名，見於紹定澉水志，咸淳臨安志等書中。鎭市一語，除指稱鎮與市外，當有此種意義，讀者須留意之。依照紹定澉水志卷上所載，澉浦鎮東西十二里，南北五里，而街市地即所謂鎮市者，則東南臨海，西北爲耕地與山川湖水。可知係由狹小地域之街市地與耕地及其他而成者。其他鎮與市類此者正多。前已言之，鎮與市之前身爲草市，而草市之起源，大抵爲農村。所謂農村之成立原因，無論南北，其主要原因，皆爲密集村落，即俱由密集之人家與圍繞之耕作地未墾地而成。至於縣治，多繞以城牆，而鎮之街市地即鎮市所在，則無此種設備者爲普通。更有鎮於獨立之街市地亦無之，而設置監官於所屬之縣城內者。長安志卷一六等書中可見其例，但甚少耳。凡鎮皆爲五代奪取縣令權力而成者。及至宋初，鎮或廢或留，已如前述。

四、定期市

規定時日，集合買者賣者而行交易，謂之定期市。定期市，不僅行於州治縣治等較大之都市中，即在鎮以下之小都市或村落間，間亦行之。考「市」之字義，秦漢以來，概指商店區域而言，同時，亦含定期市之意，洎乎唐宋時代，用意亦同。但此時常加一字於「市」上而成熟語，或另用其他稱謂以行者，不乏其例。據宋會要食貨一七商稅，淳化元年十二月十六日詔書：

邕州瓊州僞命日每遇市集居人婦女貨賣柴米者，邕州人收一錢，以爲地舖之直。

定期市舉行時，亦曰市集。又據同書淳熙二年九月二十二日之臣僚上言中，稱定期市爲市合。又如同書至道三年七月二十八日之詔書中，則稱會集。續資治通鑑長編卷五一咸平五年正月甲子條：

陝西轉運使劉綜言訪問遷賊（指李繼遷）蕃部，於赤沙橐駝路各置會貿易，深慮誘熟戶叛渙。

文中之「會」，卽定期市意。又文獻通考卷一九，征榷考六，大觀三年條：

按坊場卽墟市也。商稅酒稅皆出焉。

所謂墟市，卽後述定期市之意。宋書中指徵收商稅酒稅之局所爲「坊場」者甚多，且行於定期市者亦復不少。是以徵稅所曰「坊場」，恐本爲定期市意義之用語，亦未可知。迄至元明清各代，對於定期市場猶盛行「集場」之稱焉。而呼定期市爲「坊場」，「集場」，「場」等者，爲宋代以來之舊習，此種見解當無不妥。

具有定期市語意之特顯者爲「虛」（又作墟）或虛市，據宋吳處厚著之青箱雜記卷三：

> 嶺南謂村市爲虛，柳子厚童區寄傳云之虛所賣之。又詩云青箬裹鹽歸峒客，綠荷包飯趁虛人。卽是也。蓋市之所在，有人則滿，無人則虛。而嶺南村市，滿時少，虛時多，謂之爲虛，不亦宜乎。

上記引用柳子厚文並說明唐以來嶺南用「虛」字之意義。此說是否適當，姑置勿論，惟有人則滿無人則虛之爲定期市，毫無疑義。據宋會要食貨一七，商稅，至道三年七月二十八日之記錄：

> 上封者言嶺南村墟聚落，間日會集裨販，謂之墟市。請降條約，令於城邑交易，冀增市算。上曰：徒擾民爾，可仍其舊。

又同書淳熙二年九月二十二日：

> 臣僚言鄉落有號爲虛市者，止是三數日一次市合，初無收稅之法。州郡急財賦，創爲稅場，令人買撲納錢，俾自收稅。凡買撲者，往往一鄉之豪猾，旣稱趁納官課，則聲勢尤甚於官務。

按前二項記載爲嶺南或兩廣一般之虛市情況，宋會要商稅一七中關於紀述此類之事例甚夥，爲免繁複計，概行省略。文獻通考卷一五征榷考一宋孝宗條：

> 又詔鄉落墟市貿易皆從民便，不許人買撲收稅，減罷州縣稅務甚多。

又宋會要食貨一七商稅額數，廣南東路封州條載：

舊在城及開建縣六墟市三務，歲千八百二十三貫。熙寧十年，在城三千三百五十九貫四百八十二文，外場二百一十五貫六百九十六文，五墟二千一十六貫一百四十二文。

同書英州條：

（上略）熙寧十年，鳳林墟一百九十四貫七百九十四文。大崗墟七百八十八貫一百一十六文，陽溪墟四百八十三貫六百文。扳步墟三百七貫四百四文。長岡墟四百八十二貫六百二十二文。黃中墟六百一貫二百七十七文。臺石墟八百四十六貫五文。光口墟三百九十三貫二百四文。龍崗墟四百三十五貫三百一十七文。白駒墟九百二十八貫七十六文。回口墟七百七十六貫一百九十一文。蓮塘墟三百五十一貫。（下略）

又同書西路象州條中亦詳記熙寧十年之利仁墟，鄭馱墟，石傳墟，足莫墟，大鳥墟，廣化墟，張峒墟，連在墟等商稅收入。凡此種種皆所謂嶺南墟市之實例也。參看前記會要淳熙二年九月之臣僚上言，可知墟市原無收稅之法。英州象州係由熙寧中始行收稅。至於封州，在熙寧前已實行。觀前舉各虛稅額之微小，足證其商業規模不大。

青箱雜記卷三中，詳紀蜀之痎市，其文如下：

又蜀有痎市，而間日一集，如痎瘧之一發，則其俗以冷熱發歇爲市喻。

間日卽隔一日之意。說文卷七載「痎二日一發瘧也。」所謂痎市，蓋卽二日一開之市。再前已引用之文：

嶺南村墟聚落，間日會集裨販。

可知虛市，概多二日一開者。前述二文，爲二日一開之定期市，下述三日制或五日制之定期市。

錢易南部新書卷辛：

端州以南，三日一市，謂之趁虛。

按端州爲廣南東路之一州，卽當今之廣東省高要縣。又前記宋會要之臣僚上言中有：

三數日一次市合。

之句，按三數日卽三日或近於該數之意，此皆爲三日一市之記載。據淸外方山人談徵（名部）亥市條：

青箱雜記蜀有亥市。荊吳俗，取寅申巳亥日爲市，故爲亥市，猶今之市有逢雙日單日也。張祜：詩野橋經亥市，山路至申州。

述荊吳地方以寅申巳亥之日爲市，暗疑蜀之痎市，亦出此意。故將青箱雜記中之痎市，書作亥市，以符合其解釋。若是則與間日一集之說明發生衝突，而否認雜記中記事之大都份，余甚難同意。惟如寅申巳亥等十二支，依此定市者，當係舊習，可無疑義。蓋初爲巳亥六日一市，繼採寅申三日一市者。宋時之三日一市，詳見上述之南部新書與宋會要等，當依十二支規定之。在唐宋文獻中探究之，雖無適當事例。然據太平御覽卷八二七中：

趙書曰：國豐市，五日一會。

紀述後趙每以五日一回市。換言之，卽十日二市，以一六，二七，三八，等日集市，卽在現今中國南北各地猶通行之，在宋時當更不必論矣。宋樓鑰之北行日錄卷上，乾道五年十二月九日：

相國寺如故，每月以三八日開寺。

開封相國寺以三八日開市，當不外爲集合四方商旅而行之定期市也。參閱燕翼貽謀錄卷二所載，更可明瞭。此爲大都市寺廟之定期市，並非田舍間者，然在此大都會中猶如此，其他當能推定。

由是觀之，唐宋時代，行於村墟鄉落間之定期市，稱謂甚多，就中以嶺南之虛市紀述傳者爲最多，此因不當課稅之問題所致耳。蓋商稅之徵收，通常設場務於繁華都市或商人往來頻繁交通便利之處，而兩廣則不然，竟遍及於寒村中小規模之定期市，課徵農民與小商人，當時主張撤廢者，大有人在，然仍次第實行，故此類記錄，遂逐次現於史乘中。參閱史册者，以爲此種之市，兩廣特多，實則未必盡然。前記青箱雜記或續資治通鑑長編等文獻中，亦詳述蜀與西夏等疆域內舉行定期市，由此窺知所謂定期市，遍及中國南北，不僅記載中之各地而已也。中國現在南北各地之小都會，輒行定期市，當爲唐宋時代之遺形也。查現今各地之定期市係集合開市之聚落並附近一帶居民與外來商人等組織之，居民則賣其生產品於商人，同時換取田舍間不能出產之生活必需品，此種情況，在唐宋時代之地方定期市，當亦大致仿彿也。前揭宋會要食貨一七淳化元年十二月十六日之詔：

邕州瓊州僞命日，每遇市集，居人、婦女貨賣柴米者，邕州收一錢，以爲地舖之直。

所謂居人婦女貨賣柴米者，不外附近男女農民搬運穀物柴炭之類賣給外來客商之謂。當時定期市中，除各種穀物外，他如蔬菜果實，茶，糖，繭，生絲，麻布，棉布等物，必多運出而運入者，如木材，竹，漆，以及木器，竹器，漆器，陶器，金屬器等是。製造手工業品，乃當時農民之副業，惟在手工業發達之處，尙有專門職工之製造品，出現市上。又如牛馬魚鳥類之買賣，在市中亦常見。是以定期市，不僅爲農民與客商之貿易，更不盡若嶺南墟市規模之小，就其實質觀，當有大小各種各類之不同。現今中國內地之情況，足資證明。總而言之，定期市爲田舍經濟與都市連絡之機關，地方上農工漁樵等生產品，經市中商人之手而運入都市，同時，都市商品，亦爲供給該市居民之主要部份。此種定期市之最小者，並無商店之設立，不過於蕭條村落中行之。其較大者，行於草市或鎭市中，例如今日中國各省市鎭之盛大定期市然。在呂陶淨德集卷一，熙寧十年附奏爲官場買茶虧損園戶致有詞訴喧鬧事狀中記載：

據管句棚口茶場祕書丞尹固，並濛陽主簿同共買茶薛翼等二狀申，今月十七日收買茶六萬斤，計錢三千六百萬貫文，支用茶本淨利錢併盡。遂於十八日申州，乞相度支移交子六千員文應副，十九日並二十一日市收買茶貨至十九日，天色纔曉，據園戶將到茶貨，赴場中賣。

依照元豐九域志，棚口爲成都府路彭州九隴縣之一鎭。當時四川之茶，槪歸官專賣，民間茶園所出之茶，由官買下，再賣與商人。按照前文，棚口鎭茶場，選擇十七日，十九日，二十一日等單日，購買茶園主（卽園戶）之茶。此乃官營之定期市，但棚口鎭之市集，在專賣制度未行以前，卽有茶之市場，當可想見。在間接方面，足證民間定期市之行於鎭也。關於此類事例，尙乏明瞭引據，惟就上文推論，不妨視爲當時較盛之定期市，行於鎭市或草市。

定期市未必盡行於無商店之處，古今同情。在草市鎭市中，除有常設之商店，復於某一時日，舉行定期市。乃常見不鮮者。常設商店爲適應其聚落並附近居民之需要而準備貨物，在定期市中，與其生產品互爲交換或買賣，是以兩者決非不能對立者，反得察知其間有輔助運用之妙。

五、結論

總括以上所論（一）草市見於東晉以來之書籍中，揆其最初意義，似爲草料之市，惟草料之市，通常俱處州治縣治之城外，久而久之，城外市井，不問遠近，皆以草市稱，至此草市意義，遂可作粗末之市解。（二）唐時之稱市者，限於州治縣治城內之商業區域，在此施行「市」之特殊制度，而城外之小商業地，則不適用「市」之制度，因此，不公稱爲市，而以草市名之。（三）及至宋代，鎮與市等小工商都市發生甚多，開地方制度上之新紀元，而此鎮與市，爲草市發達之結果。（四）唐宋時代，在所謂村墟鄉落間之虛市或市集等名稱下，舉行定期市，就中主要任務爲地方居民之生產品與都市商品交換，其規模較大者，概行於草市或鎮市中。及後宋代商業區域之「市」之制度崩壞，同時「坊」之制度亦隨之破滅，商店開設都城內到處之大街上，不問晝夜，均可營業，此乃都市商業不受地域與時間的限制而然，結果此種都城內之變化，引起都城外卽所謂田舍之草市發達，浸假而成鎮市等小都市，開展其新局面。

關於宋代何故發生如許鎮市一問題，除參照都城內部之變化與發展，他若當時國內和平之持續，人口耕地之增加，農產物之繁殖，手工業，文通商業，外國貿易之發達等等，可合併考察之，茲不詳論。

〔註〕

一　參照福田德三博士追憶論文集中經濟學研究

二　關於市之制度，可參閱拙稿唐宋時代之市及福田博士追憶論文集中唐宋時代都市之發達與桑原博士還曆紀念東洋史論叢。關於唐代賦課市內商人之市籍租，可參閱最近發表之唐宋時代之商稅研究一文。

三　參照拙稿唐宋時代之草市。（史學雜誌第三七編第一號，大正十五年一月）

四　置都知管勾當者，設置都知，管理勾稽。當者恐係衍文。

五　張橋行市者，在太平寰宇記卷五四永濟縣條中，書作張橋店。通常不用草市之名，而冠以其他稱呼者甚多。可參照本文第三章。

六　參照拙稿唐宋時代之草市（史學雜誌同上）

七　參看陸放翁全集劍南詩稿卷二八村居。

八　參看石湖居士詩集卷一九，離池陽十里清溪口復阻風。

九　水心文集卷二，定山瓜步石跋三堡塢狀中：「流民漸歸（中略）其舊有田舍者依本住坐」按主坐者，即住居意，此一例也。

十　參照曾我部靜雄著唐宋以前之草市一文。（東亞經濟研究昭和七年十二月號）

十一　北平草市是依照在北平之矢野春隆氏之調查。

十二　參照宋會要食貨一五商稅。

(十三) 同上

(十四) 參照宋會要食貨一六商稅。

(十五) 至德爲陳後主之年號。按當時無錫尙爲陳之領土，故用其年號。

(十六) 此鎭將與第三章唐宋五代之鎭將不同。與廂虞候同爲職掌都廂警察之下級武官。

五　唐宋之家族共財及遺囑

仁井田陞

一、序說

在諸民族法中，關於遺言法，並不常見。如日耳曼古法，依照 solus deus heredem facere potest, non homo ,,Was der Sterbende fallen lässt, muss in die Hand des von der Natur gesetzten Erben fallen" 之法諺而表現(一)財產之承繼者，依血族關係自然決定之；又如羅馬法，在遺言中，不指定承繼者，惟限於無子時，死後財產經中間人移轉於被指定者，其行爲卽止於法蘭干（フランケン）法上之 Affatomie，倫巴丁法上之 Thinx (Order Gairethinx)(二)後世雖受羅馬法之影響，施行遺言法，但除去巴顏，普羅辛(Preussen)愛斯特魯來外，其他地方之法律，遺言之內容多爲遺贈，無指定遺產承繼人之要件。(三)反之，羅馬遺言法之生命，卽寄托於承繼人之指定。且羅馬法，昔亦祇爲法定承繼，至行遺言承繼，此遺言，普通與製作法律相同，亦需嚴格手續。據 Sohm，羅馬市民法上之遺言，必須民會議決之 testamentum Calatis Comitüs 與將出征之士兵，於軍隊中提交民會議決之 testamentum in procinctu 但此兩種，在古代末期已無需民會議決，依據與買賣同樣方式之 testamentum per **aes et libram** 普遍行之。即依照最後之方式時，遺言者於五位證人與一位持衡器者 (libripens)之前，對家產購買人(familiae emtor)以交付行爲(mancipatio)而賣渡財產，家產購買人服從遺言者之終意處分財產㊃。然其後之交付行爲，單成爲遺言之方式，而家產購買人與持衡器者，亦與證人無大差，且遺言不祗口頭證人並密封遺言書施行之，此等方式，遂次第簡單化矣。在羅馬法中，有對承繼者以外之人，以承繼財產之一部份贈與之——亦有行遺贈者。市民法上，此種遺贈，亦有種種方式，惟因遺言方式簡單化後，此亦隨之而簡單矣㊄。

至於中國，則與日耳曼古法相反，在漢代似已有遺言法（尊重人之最終意思而與以法律的保護之制度）之存在。中國在昔有稱遺言爲「遺命」「遺令」之類者，卽關於死後事之意思表示之汎稱也，臨終時，召集子孫至枕畔而行處世訓，並舍其他臨終處分等意，㈥較之前述問題之遺言（狹意的遺言，）其範圍實廣。中國古代遺言法，因行家族共財之結果，故爲限制的。關於唐宋時代之家族共財，中田博士既論之，本文則根據宋財產法及親族法之貴重資料之清明集戶婚門，㈦及其他斯坦因伯希和（Stein）兩學術探檢隊由西域獲得之古文書等，爲數僅少，附加私見，且論及家族共財與遺言法之關係，與其後清末及中華民國之立法問題。

〔註〕

㈠ Hübner, Grundzüge. 5 Aufl. S. 736.

㈡ Hübner, a. O. O. S. S. 780－782.

㈢ Hübner, a. O. O. S. S. 794－795.

㈣ Sohm, Institutionen. 17 Aufl. S. S. 583－590.

㈤ Sohm, a. O. O. S. 624 ff.

㈥ 試觀舊唐書卷九十六姚崇傳：「姚崇……薨，年七十二。贈揚州大都督，諡曰文獻。崇先分其田園，令諸子姪各守其分。仍爲遺令以誡子孫，其略曰，古人云。富貴者人之怨也。……比見諸達官身亡以後，子孫既失覆蔭，多至貧寒，斗尺之間。參商是競。豈唯自玷。乃更辱先。無論曲直。俱受嗤毀，莊田水碾。既衆有之。遞相推倚。或致荒廢，陸賈石苞。皆古之賢達也。

所以預爲定分將絕其爭吾靜思之深所嘆服昔孔子亞聖母墓毀而不修梁鴻至賢父亡席卷而葬昔楊震趙咨盧植，張奐皆當代英達通識今古咸有遺言屬以薄葬……子孫皆遵成命迄今以爲美談……吾性甚不愛冠衣必不得將入棺墓紫衣玉帶足便於身念爾等勿復違之……」可知其不僅爲訓誡且時時言及葬事卽所謂行遺言也關於遺言之處分由後述之。

㈦清明集一書在今日幾無利用之者傳本亦甚稀，據長澤規矩也氏言靜嘉堂之宋本殘卷，乃海內孤本至見於書目者，有四庫全書總目之永樂大典本及最近印行好古堂書目之抄本。

二、遺言中現存之最古法源

若欲尋求中國古代遺言法中現存之法源，據管見所及，以唐令爲最古。如喪葬令戶絕條集解古記所引之紀氏傍通載：

身喪戶絕者。所有部曲奴婢店宅資財。並令近親將營葬事及功德之外、餘並入女。無女均入已（當作以）次近親。若亡人存日自有遺處分有證驗者。不用此令。

卽是，㈠按古記編輯年代由天平十年（唐開元二十六年）至同十二年（唐開元二十八年）八月，㈡凡二年八月，故紀氏傍通可視作與古記爲同一時代或者更在其前。蓋同書所引之唐令，恐爲開元二十五年以前之物，又日本之大寶養老兩令，因與唐令為同類之遺言法，故能推知唐令之規定遺言法，在開元二十五年前也。其次，則為白氏六帖事類集卷二十二中之所謂戶令者是。在南宋令中，遺言法存於戶令內。然襲用唐開元二十五年令之宋初之令，（宋刑統所引）遺言法則在喪葬令中，承襲唐令之日本大寶令亦相同，㊂故白氏六帖事類集中所謂戶令者，當為喪葬令之誤。今據白氏六帖事類集及宋刑統，以規復唐開元二十五年舊令則如次：㊃

諸身喪戶絕者，所有部曲客女奴婢店宅資財，並令近親（親依本服不以出降）轉易貨賣，將營葬事及量營功德之外，餘財並與女。（戶雖同資財，先別者亦准此。）無女均入以次近親。無親戚者，官為檢校。若亡人在日，自有遺囑處分，證驗分明者，不用此令。

本文為便利計，稱上記條文曰戶絕條。除上述外，規定遺言法者，尚有宋令逸文數條，此於後節中述之，茲僅揭出關於遺言中現存之最古法源。

〔註〕

㊀ 紀氏傍通中，雖無唐令，惟關於唐令之事，中田博士之「養老戶令應分條之研究」（法制史論集第一卷五十一頁以

下）又拙著「唐令拾遺」八百三十六頁「唐令拾遺云云」者，附記於本稿末後以下同此。

㊁中田博士於「養老令之施行期」（法制史論集第一卷）一文中，考證古記編輯年代爲天平九年至十二年八月之間，惟據最近坂本學士之考定，縮短其年代爲天平十年正月十三日至十二年八月之二年八個月弱之間。（「列聖漢風謚號之撰進」史學雜誌第四十三編七號二十六頁）並可參看拙著「唐令拾遺」九十一頁以下。

㊂按此大寶令在喪葬令戶絕條集解古記中有：「問絕戶亡人存日處分者任用聽之」之句，參照中田博士「養老戶令應分條之研究」（法制史論集第一卷七十九頁）

㊃拙著「唐令拾遺」八頁三十五頁以下。

三、家族共財與遺言法

唐宋時代之遺言法，與家族共財制度互有關係。依照中田博士之研究，家族共財，在當時稱作「同居共財」「同居共爨」或「同財」「同爨」等。尊長卑幼間之共財，爲當時通則。㊀史家屢言當時盛行別籍異財，㊁惟據中田博士之說，別籍異財，必非謂家族共財從此終焉，蓋此別籍異財者因婚姻或生子，又有重行家族共財之可能也。共財人雖亦各有所持，然所持非確定者，依其人之生死而有變化。如父子雖得異財，但若子復生子，則法律上當然爲父子同財也。又若共財人死亡而止餘一人，則此一人卽爲家產全部之單獨所有者。唐宋之家族共財制，亦與諸民族古法相同，和 Jus accrescendi 及 Survivorship 之例而爲相合的共有㊂ (Gemeinschaft zur gesammten Hand)

按家產之分割，依照唐宋之令，以兄弟均分爲本則。此點，中田博士已有詳細之研究，㊃本文毋需贅述。在南宋令之逸文中，尙未見及家產分割規定，惟揆度當時亦以諸子均分爲原則，試觀世範卷上所記：

父祖高年，怠於營幹者，多將財產均給子孫。若父祖出於公心，初無偏曲，子孫各能戮力，不事遊蕩，則均給之後，旣無爭訟，必至興隆。（分給財產務均平條）

又家產之分割，使用鬮分方式。蓋家產中有土地家屋奴婢家畜及其他動產種種，將此等一律評價後，再行分割，卽用抽籤方法而定分財者各自應得之財產，並將所分財產，作爲文書以爲日後之證據，而此文書名曰鬮書。在世範卷下中：「至於分析，止憑鬮書（分地圖册）典賣止憑契書。」（田產界至宜分明條）又云：㊄

分析之家，置造鬮書，有各人止錄已分所得田產者，有一本互見他分者。止錄已分，多是內有私曲。不欲顯暴。故常多爭訟。若互見他分。厚薄肥瘠。可以畢見。在官在私。易爲折斷。此外或有宜勞於衆。衆分棄與田產。或有一分獨薄。衆公棄與田產。或有因妻財。因仕宦置到。來歷明白。或有因營運置到。而衆不願分者。並宜於鬮書後開具。仍須斷約。不在開具之數。則爲漏鬮。雖分析後。許應分人別求均分。可以杜絕隱瞞之弊。不至連年爭訟不決矣。(分析鬮書宜詳具)

據此以觀，凡自己之特有產及自己妻室所持之財產等，不在財產中分割外，惟遇有脫漏分割者，即所謂「漏鬮」之財產時，則縱然一旦分割，分財人猶能要求重行分割。又鬮書爲有效起見，似須加蓋官印。㊅元來，尙有相當於鬮書者，謂之「分契」或「分券」，㊆是以宋代未必僅稱鬮書也。至關明代之資料，在中田博士惠借之明代熊宣機編，尺牘雙魚卷七及雁魚錦箋卷七中，揭有名曰分關，其形式卻與家產分割文書之首部相當，文曰：

立分關兄弟某某等竊慕往哲遺風。豈宜一旦分析。第人心不古。世事如棋。卽欲勉強同居。尤恐反生嫌隙。是以兄弟和同議。據請尊長親戚等。各將受分祖父及自己續置基地屋宇田園樹木財物器用等項。品搭(搭，雁魚錦箋作塔。)均分。禱神拈鬮爲定。諸凡開載明白。俱係至公無私。

各宜安分照關營業。不得爭長競短。致傷和氣。今恐無憑。立鬮書幾紙。一樣永爲子孫承用。

將「受分於父祖者及自己續置」之財產（中田博士以此解作父祖傳來產 Ancestral property 及本人獲得產 Self-acquired property）品搭均分，於神前親族集會之下，用鬮分割家產，其狀況，得由上文知之。伯希和探檢隊在敦煌發見之古文書，如下，[八]蓋此亦爲前述鬮書分契，分劵或分關之類也。文書之年代不明，姑推斷之爲唐五代乃至宋初之物，或無謬誤。惜文首有殘闕，不得全讀，惟此資料頗貴重，其原文如下：

城外□□□□□□□□□□□□□□畜乘安馬等。兩家□□□□□□□取□□壹領壹拾參。增兄弟義。□□上大郎。不入分數。其兩家和同，對親諸立此文書。從今已後。不許諍論。如有先是非者。決丈（丈當作杖）五拾。如有故違山河違誓。

城外捨。兄西分參口。東分參口。院落西頭小牛舞捨合捨外空地。各取壹分。南園於李子樹已西大郎。已東第。（第，恐當作弟，以下同此。）北園渠子已西大郎。已東□（闕一字恐弟字）樹各取半。地水渠北地參畦。共壹拾壹畝半大郎分。捨東參畦。捨西壹畦。渠北壹畦。共拾壹畝弟分。向西地肆畦共拾肆畝大郎分。渠子西共叁畦拾陸畝第分。

農地向南仰大地壹畦五畝大郎。又地兩畦共五畝第。又向南地壹畦六畝大郎。又向北仰地六畝第。蕁渠玖畝地第。西邊捌畝地捨坑子壹大郎。長地五畝第。捨邊地兩畦共一畝。渠北南頭蕁渠地壹畦肆畝計五畝大郎。大仰大地並畔地壹畦貳畝蕁渠南頭長地子壹畝第。北頭長地子兩畦各壹畝西邊地子第。東邊足。大郎分釜壹口受九㪷壹㪷五勝。鍋壹勝半。龍須鐺子壹。鏵壹。孔鎌兩張。鞍兩具。鐙壹具。被頭壹。剪刀壹。切壹。鍬壹張。馬鈎壹。碧絹壹丈柒尺。黑自牛壹半。㓷草馬與大郎。钁壹具。

遂恩鐺壹口。并圭鏡子壹面。銅鉢壹。龍頭鐺子壹。蘇金壹。付鎌壹張安一具。大釿壹。銅灌子壹。钁壹具絹壹丈柒尺黑自牛壹半。

城內捨大郎分當壹口內有庫捨一口。東邊房壹口。遂恩分西房壹口。並小房子廚捨一口。院落井碨捨子合大門外舞拾地大小不等後移牆停分舞捨西分大郎。東分遂恩。大郎分故車盤新車盤。遂恩賈數壹仰取新盤者出車脚二各取壹。大郎全轂。遂恩破轂。

兄善讓
弟遂恩
諸親兄程進
兄張賢
兄索神

就上文觀，可知不祗土地，他如農具之類，亦包括在內；將前揭分關中所謂「基地屋宇田園樹木財物器用等」品搭後，在親族會同之下分割之。又敦煌文書第一節中有：「從今已後，不許諍論。……如有故違山河違誓」之句，文意雖難詳細理解，要爲一種宣誓無疑。在巴比倫希臘羅馬及日本等各民族古代之法律生活中，有以宣誓確保私法的行爲之例⑨（確約的宣誓 Juramentum promissorium）當亦與此文書同屬一類也。又在西域發見之宋史氾三立嗣約中記：⑩「今對親枝衆座。再三商議。世世代代子孫□女。同爲一活。押字證見爲憑。天轉地迴。不下缺」當亦宣誓文言也。

⑪

因家產既爲相合的共有，是以共財人不得擅自處分家產。若家長爲旁系親，分割或處分家產而違反卑幼之利益時，卑幼可提出告訴。惟卑幼對一般直系尊屬則不得如此，例爲父祖卽所謂直系尊屬之家長，遇有此種情況，對方亦不得訴之裁判㊂且須服從父祖爲當然之理。徵之後漢以後之資料，子孫服從父祖分割或處分家產之事例實夥。例如中田博士所舉者，在晉書卷三十三石苞傳記載：

崇（石崇）字季倫，生於青州，故小名齊奴。少敏惠，勇而有謀。苞（崇之父親）臨終分財物與諸子，獨不及崇。其母以爲言，苞曰：此兒雖小，後能自得。

據此可見有分財資格而被除外之事實。直系尊屬之家長，得於生前分割或處分家產，又可依遺言（遺囑）自由處分之。當時賢明家長，恐在死後子孫爭奪財產，故預作遺言書，據世範卷下所載：

遺囑之文，皆賢明之人，爲身後之慮，然亦須公平，乃可以保家。如劫於悍妻黠妾，因於後妻愛子，中有偏曲厚薄，或妄立嗣，或妄逐子，不近人情之事，不可勝數，與興訟破家之端也。（遺囑公平惟後患）

父祖有憂子孫爭訟者。常欲預為遺囑之文。而不知風燭不常。因循不決。至於疾病危篤。雖心中尚了然。然而口不能言。手不能動。飲恨而死者多矣。況有神識昏亂者乎。（遺囑文宜預為）

其情可由上文推察知之。（根據世範，遺囑內容不僅為財產法上之事，且得舉述立嗣。）如前揭晉書之「臨終分財物與諸子」乃為臨終分割（生前分割之一形態）與遺言異。又如下列之事例，雖不得謂為狹義的遺言，要亦依家長之遺命，放棄屬於家產之債權者：

樊宏……父重。字君雲。世善農稼。好貨殖。重性溫厚。有法度。三世共財。……年八十餘終。素所假貸人間數百萬。遺令焚削文契。債家聞者皆慚。爭往償之。諸子從勅。竟不肯受。（後漢書卷六十四樊宏傳）

又有依遺命將家產小部分，分給諸子，而以其大部分贈與親族。其記載：

弘基……永徽元年加實封通發一千一百戶。其年卒年六十九。高宗為之舉哀。廢朝三日。……陪葬昭陵。仍為立碑。謚曰襄。弘基遺令。給諸子奴婢各十五人。良田五頃。謂所親曰。若賢固不藉多財。不賢守此可以免饑凍。餘財悉以散施。（舊唐書卷五十八劉弘基傳）

始弘基病。給諸子奴婢各十五人田五頃。謂所親曰。使賢固不藉多財。即不賢守此可以脫飢凍。餘悉散之親黨。（新唐書卷九十劉弘基傳）

此種家產，父祖可自由分割或處分之，即使不與子孫以財產上之利益，亦無不可。蓋未必定須準據家產分析法（唐宋戶令應分條）不過在父祖生前不分割或無遺言時適用之。桑原博士於引用唐姚崇傳之後而言曰：「姚崇爲唐玄宗時代著聞之賢相。可證其人於生前分產之事實，未必以唐律之禁條實行於當時。」[13]惟在唐律中未見有禁尊長或父祖分產之條文，蓋直系尊屬之家長，如中田博士所論，家長對此有強大之教令權。[14]而家族之家產權利，爲家長權所抑壓也。即中國古代之家長權與日耳曼古法之家父權，（Munt）本質上無變動，唯較之強大而已。日耳曼法後受寺院法影響，家父僅能以自身所有，贈與他人（損納於寺院）而大理判決亦言。[15]

現行律載。分析家財田產。不問妻妾所生。只以子數均分。又載凡同居卑幼不由尊長。私擅用本家財物者處罰。若用居尊長應分家財不均平。罪亦如之。等語。是尊長與卑幼同居共財者。其家財卑幼固不得自專。而尊長亦不得將應分家財有所偏向。由此推論。除祖若父就所有

家財可自由處分外。其餘尊長有所偏向。則卑幼據以請求分析。不得謂爲違法。（民國七年上字第一二五四號）

承認直系親屬（父祖）之家長，得自由處分家產，惟在明代，猶有家長遺言而分家產之例，如次所舉述者。明律與唐律相同，處罰父祖別籍異財，但變更爲親告罪。至其變更之理由，明律集解言：「恐其或奉遺命，非外人所知。此又制律之微意也。」而律例臨民寶鏡言：「恐其或有遺命也。故他人不得而告焉。」其解釋之當否，姑作別論，然對尊長遺言之存在，是可考慮者。清則以之規定於律中。[76]旁系尊屬之家長，與直系尊屬相反，不得於生前自由分割或處分家產，（參照前揭大理院判決）當依遺言行事。據清明集戶婚門所載：

繼母將養老田遺囑與親生女 浩堂

婦人隨嫁奩田，乃是父母給與夫家田業。自有夫家承分之人。豈容捲以自隨乎。寡婦以夫家財產遺囑者，雖所許，但戶令曰。諸財產無承分人。願遺囑與內外緦麻以上親者。聽自陳。則是有承分人。不合遺囑也。

繼母以其養老田或寡婦以其所持財產，因違反承分人之利益，故不得自由遺囑處分。至旁系尊長，當亦同此。卑幼縱然爲共財人，但不得尊長許可，則不能自由處分家財。唐宋戶婚律及雜令與其他勅法等，俱限制卑幼之處分。今舉述唐宋雜令，據宋刑統所記：[十七]

諸家長在，（在謂參陌里內非隔關者）而子孫弟姪等。不得輒以奴婢六畜田宅及餘財物。私自質舉及賣。（無質而舉者亦准此）……

按與此相同之規定，元代亦行之，其文載至元雜令中：[十八]

諸有尊長，而卑幼不得典賣田宅人口。其尊長出外。若遇缺乏。須合典賣。（疾病官事之類）於所屬陳告。驗實給據，即聽交易。違者田宅人口各還主。價並不追。自卑幼……

然則若非父祖，而欲於生前處分及遺言處分者，第一爲自己之特有產（私產。）唐宋時代，施行家族共財，家長或其家屬之特有產，並非不與公產同時存在。例如賜田。特有產也。[十九]想爲承繼及處分可能之永世的私有地。[廿]第二爲「戶絕」時。（嚴密言之。家中無共財人，即個人單獨所有者）

以下進而討論戶絕財產與遺言處分。

夫徵之唐宋法源，雖爲女子，亦得爲戶主。在唐戶婚律疏議中解釋女戶曰：「若戶內並無男夫，直以女人爲戶。」一此卽其例。又在西域發見之殘闕戶籍中，男子爲戶主之戶籍固甚多，惟中村不折氏所藏之古文書內，有堪珍貴者如左。卽以寡婦及在室女爲戶主之開元肆年籍也。[卌]

戶主大女白小尙年拾玖歲　中女伏母貫下下戶、不課戶、

母季小娘年肆拾捌歲　丁寡開元參年帳後死。

壹段肆拾步居住園宅，

右件壹戶放良其口分田先被官收訖

戶主大女陰婆記年肆拾捌歲。　丁寡　下下戶　不課戶

夫翟祀君年伍拾玖歲。　白丁垂拱二年疏勒道行沒落，

肆畝永業

肆畝肆拾玖步已受

據此，戶中無男子，則以寡婦爲戶主。若更無寡婦，則可以在室女爲戶主。開元二十五年田令中

有「黃小中丁男女及老男篤疾廢疾寡妻妾當戶者。各給永業田二十畝口分田二十畝」之句，得爲其旁證。[22]然在戶籍上，縱然繼續，假使戶中無男子（包括養子）[23]及寡婦，則爲戶絕。中田博士嘗以唐宋喪葬令戶絕條及宋刑統戶婚律卷十二宋起請之「身喪戶絕者」解釋爲：「在戶內應爲戶主者，即所謂男子或寡妻妾死絕時，而不關其女子之有無也。」[24]通觀唐宋之法源，若單有女子，則爲戶絕，惟不見寡婦戶絕之例。不過寡婦改嫁時，則亦爲戶絕。茲舉述其立法例，引用清明集戶婚門之宋戶令如下：

按戶令。寡婦無子孫。幷同居無有分親。召接脚夫者。前夫田宅。經官籍記訖權給。計直不得過五千貫。其婦人願歸後夫家。及身死者。方依戶絕法。（戶絕類）

所謂寡婦無子孫亦無共財人，若有與寡婦結婚而在寡婦之籍者（接脚夫）[25]則給以前夫之田宅權，惟限於值價五千貫以內。至於寡婦入後夫籍或者死亡時，則依照戶絕法，以前夫之貲財歸公。戶絕時，設有共財人之在室女，則家產依照 Survivorship 之理由全部歸屬之。[26]清明集戶婚門所引之宋令中，有如次之明文：

令文。諸戶絕。財產盡給在室諸女。（立繼類）

又據宋刑統卷十二所載之宋起請，以離婚，夫死，或無子之故，還歸母家之女子未嘗參預家產分割者，則與在室女之例相同。[22]按戶絕資產如前記無承分人時，則如前述家產得依遺言處分。唐宋喪葬令戶絕條記曰：

諸身喪戶絕者……若亡人在日。自有遺囑處分。證驗分明者。

此乃遺言法也。在此條文中，不限定遺贈額及受贈者之範圍。卽在宋嘉祐遺囑法中，對遺贈額，亦未加限制，惟其後曾一時允許資財不滿三百貫者，全部遺贈，一千貫未滿者，三百貫，一千貫以上者，限其三分之一爲遺贈。如續資治通鑑長編卷三百八十三中記載：

元祐元年七月……丁丑……左司諫王巖叟言。臣伏以天下之可哀者。莫如老而無子孫之託。故王者仁於其所求。而厚於其所施。此遺囑舊法。所以財產無多少之限。皆聽其與也。或同宗之戚。或異姓之親。爲其能篤情義於孤老。所以財產無多少之限。皆聽其受也。因而有取。所不忍焉。然其後獻利之臣。不原此意。而立爲限法。人情莫不傷之。不滿三百貫文。始容全給。不滿一千貫給三百貫。一千貫以上。給三分之一而已。國家以四海之大九州之富。顧豈取乎此。徒立法者。累朝廷之仁爾。伏望聖慈特令復嘉祐遺囑法。以慰天下孤老者之心。以勸天下養孤老者之意。而厚民風焉。如蒙開納。乞先次施行。從之。（新舊錄並稱臣僚上言。按此乃王巖叟奏請也。今具載之。）

文中言「或同宗之戚或異姓之親」者，未必卽爲限定受贈者之範圍於同姓或異性之親戚徵證，惟在淸明集戶婚門所引之宋戶令有曰：

諸財產無承分人。願遺囑與內外緦麻以上親者。聽自陳。

可知當時限定受贈者在內外緦麻以上之親。戶絕時，旣無承分人，又無遺囑處分，則資產依照下列順序處理之。（一）先由資產中控除葬事供養之費。戶絕條唐代之詔令中，亦屢見厚葬之禁，而宋慶元戶令則適應戶絕資產之多寡，制定如次之喪葬費：

諸戶絕有財產者。廂耆鄰人卽時申縣籍記。當日委官躬親抄估量。其葬送之費卽時給付。共不得過參佰貫。財產及萬貫以上。不得過伍拾貫。責付近親或應得財產。同爲營辦。（無近親

及應得財產人者。官爲營辦。僧道卽委主首）[38]

（二）控除葬事供養費之家產殘額，悉給出嫁女。（在室女嘗預分財，亦同樣）[39]（戶絕條）又據文苑英華所揭之戶絕判：「景身死戶絕。貲財將沒官。出嫁女請除葬外。悉收之。叔復請分。所由不決。仰斷。」[40]而得窺知之。唐時出嫁女得悉數取得家產。然迨至宋代建隆之起請，則異：「戶絕者。所有店宅畜產資財。營功德之外。有出嫁女者。叅分給與壹分。其餘並入官。」[41]僅給以三分之一，至天聖中，其情亦同，依東齋記事得窺知之。[42]宋代關於戶絕法之適用，發生如次之一事。在夢溪筆談卷十一官政中，記載：[43]

近歲邢壽兩郡。各斷一獄。用法皆誤。爲刑曹所駁。……邢州有盜。殺一家。其夫婦卽時死。唯一子明日乃死。（死下。棠陰比事有州司以三字。同上）其家財產。（產下有依字。同上）戶絕法。給出嫁親女。刑曹駁曰。其家父母死時。其子尙生。（生。作在。同上）財產乃子物。出嫁親女乃出嫁姊妹。不合有分。此二事略同。一失於生者。一失於死者。

設若父母與其子同時死亡時，則家產應歸屬出嫁女，但以子之死亡，後一日，則依照 Surviv-

，
orship之理由家產悉屬於子，而出嫁女從前記之子觀之，爲出嫁姊妹，故喪失財產取得之資格。（三）唐時若無在室女出嫁女等時，則家產歸屬近親。戶絕條然據宋建隆之起請，對近親不給戶絕資產，僅均與以莊田。[44]在宋會要上亦記：[45]

仁宗天聖元年……七月。段丞齊嵩上言。檢會大中祥符八年勅戶絕田。並不均與近親賣錢入官。肥沃者不賣。除二稅外。召人承佃。出納租課。變易舊條。無稽据。深成煩擾。欲請自今後。如不依戶令均與近親限。立限許無產業及中等已下戶。不以肥瘠。全戶請射……

宋淳化令，似有將戶絕田分與近親之規定，惟至大中祥符八年則改分與而爲官沒。按以戶絕田均給於近親之事蹟，不見載於唐令逸文中。（四）在唐令若女子近親並無之則由官檢校其資產。戶絕條按檢校二字雖含義頗廣[46]惟在此所謂檢校，與唐大詔令集中所載：「如有莊宅店舖奴婢六畜產業等。各任如舊……如全家沒在淮西。更無親族爲主者。卽官爲檢校。待當主復。卽時檢付。」相同，[47]卽管理資產之意義也。然戶絕且無女子及近親時，則在法律上因無取得家產者，故所謂檢校，當非官沒之意。在前揭之文苑英華中，並無檢校字樣，而爲：「景身死戶絕。資財將沒官。」洎乎宋代，卽爲出嫁女，亦不過與以戶絕資產三分之一，其餘三分之二，則沒於官。（宋建隆起請）此由東齋記事得窺知之。（四六）又如宋史卷二百刑法志所記：

丞相趙雄上淳熙條法事類。帝讀至收騾馬舟船契書稅曰。恐後世有算及舟車之譏。戶令戶絕之家。許給其家三千貫。及二萬貫者取旨。帝曰。其家不幸而絕。及二萬貫。迺取之。是有心利其財也。

至南宋之淳熙戶令，凡戶絕資產不滿二萬貫者，則以三千貫給其家，餘均沒官。政和四年，對居住中國歷經五世之外國人，亦適用戶絕法，若無合承分人（共財人或承繼人）又無遺言而死亡時，則其財產歸市舶司拘管。試觀宋會要市舶司條中記載：（四七）

四年（政和）五月十八日詔。諸國蕃客。到中國居住已經五世。其財產。依海行無合承分人。及不經遺囑者。並依戶絕法。仍入市舶司拘管。

然則宋代將唐代戶絕資產取得額及取得者之範圍，改爲狹小，而計官收之增大，與前述遺贈額並葬喪費之限制，其軌範一也。（五）前述女子之取得分，因立繼統子孫而生變化。下記清明集戶婚門立繼類所引之宋戶令，即爲此種情形之家產分割法：

命繼與立繼不同擬筆

准戶令。諸已絕之家立繼絕子孫。（謂近親尊長命繼者）於絕家財產者。若止有在室諸女。即以全戶四分之一給之。若又有歸宗諸女。給五分之二。止有歸宗諸女。依戶絕法給外。即以其餘減半給之。餘沒官。止有出嫁諸女。即以全戶三分爲率。以二分與出嫁諸女均給，餘一分沒官。法令昭然如日星。

據此可知繼絕子孫與女子之分割家產：（甲）繼絕子孫之取得分。如有在室諸女，則給家產四分之一；（乙）除在室諸女外，復有歸宗諸女（指已經出嫁而回歸母家者而言）時，則給五分之二；（丙）僅有歸宗諸女，則依照戶絕法給與外，減給其餘之半數，他半則沒官；（丁）又若僅有出嫁諸女，則以家產三分之二，均給出嫁諸女，其餘三分之一則官收之。

〔註〕

㊀ 中田博士，「唐宋時代之家族共財制」（一）（國家學會雜誌第四十卷七號）

(二) 桑原博士「唐明律之比較」（高瀨博士還曆紀念論叢七百八頁以下。）玉井學士「土地問題之管見」（史學雜誌第三十三編第九號六百九十四頁以下。）清水學士，「中國之大家族制」（史學雜誌第三十八編第二號百五十九頁以下。）

(三) 中田博士，前揭（二）（國家學會雜誌第四十卷八號四十五頁。）

(四) 中田博士，「養老戶令應分條之研究」（法制史論集第一卷四十三頁以下。）及「唐宋時代之家族共財制」（二）（前揭二十八頁以下）

(五) 在袁氏世範中，此外猶見鬮書砧基等之語。

(六) 世範卷下，中載：「縣道貪污。遇有析戶印鬮。則厚有所需。人戶憚於所費。皆匿而不印。私自割析。經年既深。貧富不同。恩義頓疏。或至爭訟。一以爲己分失去鬮書。一以爲分則未盡。未立鬮書。官中從文則礙情。從情則礙文。故多久而不決之患。凡析戶之家。宜卽印鬮書。以杜後患。」

(七) 中田博士於「唐宋時代之家族共財制」（一）舉述宋後施行共財制之證明中，言元史卷百九十七列傳八十四，記有：「父子兄弟本同一氣。可異處乎。乃會拜祖墓下。取分劵焚之。復與同居。」「楊一懷孟人。至元間。憐其叔清家貧。嘗以分契。詣神祠焚之。與同居者三十年。無間言。」在此見及以分劵焚於祖墓下，以分契焚於神祠，則想像分割家財亦行於祖墓下或神祠等也。

(八) 敦煌掇瑣中輯，分家契。（巴黎國立圖書館藏 Collection Pelliot No. 2685）

(九)「請起文雜考」，中田博士。（法學協會雜誌五十卷十一號十二號）

(十)沙州文錄補。

(十一)牧野學士，「西漢之封建相續法」（東方學報東京第三册三百二十三頁）中所載之高祖封爵誓曰：「使河如帶。泰山如厲。國以永寧。爰及苗裔。」乃公法上之行爲的確約宣誓 Juramentum promissorium 也。

(十二)中田博士，「唐宋時代之家族共財制」（二）（前揭三十頁，及三十六頁以下）

(十三)桑原博士，「唐明律之比較」（高瀨博士還曆紀念中國學論叢七百十六頁）

(十四)中田博士，前揭。

(十五)此大理院判決，郭衞氏編輯「大理院判決例全書」（二百九十三頁以下）所載者，與楊鴻烈氏著「中國法律發達史」（千二百三十九頁）所載略有出入，茲特適當接合之。

(十六)關於此清律之「或奉遺命不在此律。」桑原博士，前揭七百十頁。清水學士，「中國之大家族制」（參照史學雜誌第三十八編、二號百七十六頁）

(十七)中田博士，前揭三十一頁以下。拙著「唐令拾遺」八百五十三頁。

(十八)重編事書類要事林廣記壬集卷之一，拙文，「唐宋時代之債權擔保」（史學雜誌第四十二編十號）拙著，「唐令拾遺」除本條外，遺漏事林廣記所錄雜令數條，姑待後有機會補足之。

(十九)中田博士，前揭四十四頁。

(廿) 拙文，「古代中國日本之土地私有制」(二)（國家學會雜誌第四十四卷第二號百十三頁。）

(廿一) 土谷番出土，柳中縣高寧鄉戶籍（羽田博士，「西域文明史概論」百三十三頁所載）中村不析氏，「禹域出土墨寶書法源流考」(下)二十四丁以下，亦有誤字。

(廿二) 通典卷二食貨二田制下所引。中田博士「唐令與日本令之比較研究」(法制史論集第一卷六百六十八頁。）殿版通典以「男女」爲「男子」但現據宮內省尊藏宋版通典。參照拙著「唐令拾遺」六百十一頁以下）

(廿三) 清明集戶婚門戶絕類記：「夫亡。而有養子。不得謂之戶絕。」

(廿四) 中田博士，「唐宋時代之家族共財制」(二)（國家學會雜誌第四十卷八號四十六頁。）

(廿五) 吏學指南親姻中解釋接脚夫曰：「接脚夫，（謂以異姓繼寡婦者。）」此外，在宋時接脚夫之例中，續資治通鑑長編卷二百三十二載：「元豐六年春正月。……乙巳。……提舉河北保甲司言。乞義子孫舍居壻隋母子孫接脚夫等。見爲保甲者。候分居日。比有分親屬給半。詔著爲令。」壻沒後，更行招壻時，後壻郎名接脚壻。癸辛雜志記載：「徐公杰。爲林吞同伐柯一豪家。爲接脚壻。」

(廿六)(廿七) 中田博士，前揭四十五頁以下。又戶絕條之「女，」當非在室女。參看註(廿九)

(廿八) 慶元條法事類卷五十一道釋門二所引之戶令。

(廿九) 唐令戶絕條「將營葬事及量功德之外。餘財並與女。（戶雖同。資財先別者亦准此。）之「女，」依照中田博士，普通指出嫁女而言。至「戶雖同」云云者，爲在室女而經分財者。宋刑統卷十二開成元年七月五日勅節文亦記：「自今後。如百姓及諸色人死絕。無男。空有女已出嫁者。令文合得資產。」參照中田博士「養老戶令應分條之研究」（法制史論集第一卷五十二頁）

(卅) 文苑英華卷五百二十九判二十七戶絕帳籍內。

(卅一) 宋刑統戶婚律卷十二。

(卅二) 東齊記事卷一載：「天聖中。雄州民妻張氏戶絕。有田產。於法當給三分之一與其出嫁女。其二分雖有同居外甥。然其估緡錢萬餘。當奏聽裁。仁皇曰。此皆細民自營者。無利其沒入。悉以還之。是時王沂公爲宰相。呂文靖公晉肅簡公參知政事。極贊美之。」

(卅三) 幾與夢溪筆談爲同文者，郎棠陰陽比事卷下所載。其詳可參看中田博士，「養老戶令應分條之研究」（法制史論集第一卷五十二頁。）

(卅四) 仁井田，牧野、「故唐律疏議製作年代考」（下）（東方學報東京第一册。）四十一頁。

(卅五) 宋會要食貨農田（農田一，）據東洋文庫所藏抄本。

(卅六) 參照加藤博士「宋之檢校庫」（史學第六卷第三號百三十九頁以下。）

(卅七) 唐大詔令集卷百十六，政事慰撫中，貞元元年八月慰撫平盧軍先陷在淮西將士勅。

(卅八) 參看註(卅)

(卅九) 參照藤田博士，「宋代之市舶司及市舶條例」（東西交涉史南海篇，三百九十三頁。）同博士以海上之「佽」字，爲衍字。

四、遺言之法律的性質與其方式

按羅馬法之遺言，爲一面的行爲。例如生前處分，乃至死後處分，非以當事者意思爲要件之雙方的行爲。又如與生前處分相異之遺言，則依遺言者之死亡，而發生效力。中國從古以來所行之「遺命」「遺令」「遺言」「遺囑」等類，此等亦爲關於死後之事表示意思之總稱。至於「遺命」「遺令」等，其爲臨終處分與分析乎？抑爲死後贈與乎？或即此處所論之遺言乎？其間不能判然明瞭者甚多。茲揭伯希和探檢隊所發見之文書：❶

（上闕）（前略）

與侄（侄當作姪）僧惠朗□壹張。白練裏草綠拾五兩銀椀壹。

表姪弟大將□□□紅錦襖子壹。緋絹裏。

闕　尼嚴定　已上五人

□盧山帽子一頂。

（中略）

僧文信經數年間，與崇恩內外知家事，劬勞至甚。與耕牛一頭，冬粮麥參碩。

媧柴。小女在乳哺。來作女養育。不曾違逆遠心。今出嫡事人。已經數歲。老僧買得小女子一口。待老師終畢。一任與媧柴。駈使莫令爲賤。

（中略）

姪僧惠朗偬

表弟大將閣　英達

姪都督　索琪

姪廣侯索

姪兵馬索榮徹

姪女夫成忠信

姪女夫張忠均

此在廣義上，固不待言，卽就狹義言，亦得謂爲遺言狀也。唯文書之終，因有受遺者一部分之署名，故一見似非遺言者之單獨行爲，而爲雙方的行爲，然此等受遺者在親族之資格上，以解作僅爲證人之集合且署名爲妥當此於後世當亦然也至日耳曼，亦不得取消遺言者遺言之拘束，且爲限制取消之故受遺者（在多數時，雖一人亦不得違異）應會同行此遺言㊁中國舊法，當亦類此。又斯坦因（Stein）探檢隊在敦煌發見者，有如次一通：

尼靈惠遺書

咸通六年十月二十三日。尼靈惠忽染疾病。日日漸加。恐身無常。遂告諸親。一一分析。不是昏沈之語。並最醒甦之言。靈惠只有家生婢子。一名威娘。留與姪女潘娘。更無房資。靈惠遷變之日。一仰潘娘葬送營辦。已後更不許諸親恡護。恐後無憑。並對諸親。遂作唯書。押署爲驗。

弟金剛

索家小娘子

外甥尼靈皈

外甥十二娘　十二娘指印

姪男康毛　康毛

外甥索計之

姪男福成　杜

姪男勝賢　勝賢

索郎水官

左都督　成眞

此與上揭之文書，蓋屬同一種類。前項文書中有「十二娠指印」此即不能自署而行之畫指，在借錢（粟）文書中常能見及，其在遺言狀上者意亦類同。㊂又世範記：「遺囑之文，皆賢明之人爲身後之慮。」「遺囑之人宜預爲。」復言：「父祖有慮子孫爭訟者，常欲預爲遺囑之文。」依此而觀，則遺言書當爲遺言者於生前作成，而發表於死後者，然則其非單獨行爲之憑證而何？

羅馬法之遺言，因遺言者之死亡而發生效力，在大理院判決上，亦言：「遺囑，應於遺囑人死後，始生効力。」（民國四年上字第一七九一號）㊃中華民國民法中亦記：「遺囑，自遺囑人死亡時，發生効力。」惟在中國古法上，則不見有此明確的規定。唯由「遺囑」之字義或前記之世範推察之，當亦爲於死後始發生效力也。

羅馬市民法上之遺言方式，固極複雜，惟其後頗簡單化，其情已如上述，至在中國古代法中不見有特定之遺言方式。即在後世，亦乏一定之方式。如大理院判决：㊄

在現行法上。遺贈固無以遺囑書爲成立要件之明文。仍可視該地習慣法則如何以爲斷。（民國四年上字第四一九號）

遺囑之作成。在現行法。並不須一定之方式。故以言詞或書面皆無不可。但無論用何種方式。必其內容出於遺囑人之眞意。是爲遺囑有效之要件。（民國四年上字第八二七號）

遺囑成立之形式。現行法上。無何等之限制。（民國四年上字第一七九一號）

遺言應用何種方法。現行法上並無明文規定。固非必以有書據方爲有效。然亦必有相當憑證。足以證明遺言確係存在。而後可生法律上效力。（民國六年上字第一八一號）

遺囑並無一定方式。不能以未經遺囑人之親筆簽押遽指爲無效。（民國六年上字第六八六號）

當時之現行法。以遺言之方式。無明文規定。只須有能證明遺言存在之憑證。遺言即能在法律上有效，固不問其爲依書面或依口頭也。至在唐令則言：「亡人在日。自有遺囑處分。證驗分明者。」一（絕戶條）不問根據口頭或書面。若證驗分明，即作有效解。關於此點，承繼唐令之日本令，亦屬相同。惟日本令在養老戶令應分條載：「亡人存日處分。證據灼然者。」而在喪葬令身喪戶絕條古記所引之大寶令逸文，僅言：「絕戶亡人存日處分者。任用聽之。」固不得謂爲「遺囑處分」，惟如中田博士所論，右戶令應分條之解釋爲：「凡此條與喪葬令各異。然依理相通可用。縱牒不入司。而遺言分明。可依遺言。（跡記無別）」是以日本令之處分，當亦不外爲遺言之意義也。㊅更據世範，當時不限爲臨終之時，即在生前亦得認遺言於文書，乃無可疑義者。

〔註〕

㊀ 敦煌掇瑣中輯，僧崇恩處分遺物證（巴黎國民圖書館藏 Collection Pelliot, No 3410）

㊁ Stobbe, Deut. Privatrecht. I U. 2 Aufl. S. S. 196. 197. 本書係承中田博士指示後引用。

㊂ Stein，係據 Serinpia 及濱田博士「Stein 氏發掘品過眼錄」（東洋學報第八卷第三號四百三十三頁。）羅氏，沙州文錄補，亦載有同一文書，惟誤謬甚多。且濱田博士所錄者，畫指一點，亦不明瞭。現據 Serindia 時，始知有畫指。關於借錢（粟）文書中之畫指，參照黑板博士，「見於大寶令中之官位稱呼並畫指」（法學協會雜誌三十七卷三號百五頁以下）

㊺ 根據郭衛氏編輯，「大理院判決全書」二百九十七頁。

㊻ 中田博士，「中世之財產相續法」（法制史論集第一卷二百頁。）

五、結言

唐宋時代之家族共財制，卽學者所謂相合的共有(Gemeinschaft zur gesammten Hand)，而分割家產，以諸子均分爲原則。分割時，採用鬮分方式，唐宋時代，因家族共財制之結果，家產之處分（生前或遺言處分）自由，遂被限制。惟直系尊屬之家長依教令權之作用，得在生前或用遺言，除去家產中預欲分割者外，可任意規定其他之分割額，及自由處分其家產，至旁系尊屬爲家長時，則無此權。蓋一方生子，一方應附以所得之家產也。故惟直系尊屬之家長得以自由遺贈外，其他除自己有私產或自己單獨領有家產（將戶絕時）之外，無遺贈之自由也。宋時，對遺言處分，國家得干涉之，且其立法例，限定受贈者之範圍爲親族。至唐宋時代之遺言，當可作單獨行爲解釋。惟在古文書中，受遺者亦行署名，若受遺者爲親族時，則僅爲證人之署名而已。至當時遺言，亦似在遺言者死後，始生效力，不過其資料不充分耳。關於遺言之方式，法律別無規定。固不問其爲書面或口頭，凡證驗分明者，法律上俱認爲有效，如羅馬古代所見之嚴格而複雜之方式，其在中國古法中則未覯及。淸宣統年間以外國法之輸入製作民律第一次草案其於第五編第三章置遺囑之規定，而中華民國民法中亦於同編同章規定遺囑四十條，至遺囑之方式爲：一、自書遺囑，二、公證遺囑，三、密封遺囑，四、代筆遺囑，五、口授遺囑。凡五種。財產處分（包括遺言處分）之自由與家族共財習慣，互有其拘束性。夫在無產者間，家族共財，固無意義，即在有產者間，亦隨經濟情勢而變化，因要求自由處分財產者益高而家產共財益受限制，遂有陷於崩潰者。釀成史家所謂「分財異居之弊風」一現象焉。然在今日之中華民國民法中，猶續有家族共財之規定，即民法第四編親族第二章婚姻中，有夫婦共財制之「共同公有」（日耳曼法之 eheliche Gütergemeinschaft）又在第五編繼承第二章遺產之繼承中，有兄弟共財制，（Brudergemeinschaft, Erbengemeinschaft.）更在與此並行之第三編物權第二章所有權中，「有共同公有」之規定❶由來於日耳曼古法之瑞士民法之家族共財制，固爲學者所注意，而淵源中國古法之中華民國民法，當亦值得注目也，

〔註〕

一　中華民國民法親族篇繼承篇，爲民國十九年十二月二十六日公佈，二十年五月五日施行，最後民法全部公佈施行。關於前記公佈施行之年月日，係承法學士廣瀨武文之氏指示，特誌此以表謝忱。

附記

本文草成，復依板倉眞五氏之斡旋，承水谷國一氏惠贈所著「中國之家族制度」一書。在此對兩氏特表感謝。根據該書所論律例（清）之精神及今日之習慣，家產於家祖在世中，及家產承繼者只一人時，則屬於其專有（縱然以後產生家族，亦不得成立家族共財體）如爲二名以上之兄弟或叔姪相繼共有家產而未分割時，家族共財體始得成立。換言之，依照律例之精神及今日之習慣，判斷家族共財制，與其謂爲父子共財制，不若稱作兄弟共財制爲妥，如著者所言，是以臺灣私法之見解爲基礎者。臺灣私法，以調查臺灣習慣當時之家族共財制，並非父子共財制，而爲旁系親間之共財，今分析其解釋理由爲：

一、家祖爲尊長時，或其死後僅有一名承繼者時，則家祖或承繼人得任意處分家產，反之，若爲二名以上之承繼人，其中一名，爲尊長時，則無此強大權力。

二、家祖於生前或死後之遺言，將家產任意分與承繼人，有時得排斥承繼者之一，反之，若在家祖死後，承繼者有兩名以上，其一人爲尊長時，則除依承繼人之協議外，當從家產均分之規定。

三、尊長因犯罪而財產沒官時，若家祖爲尊長或其死後唯有一名承繼者爲尊長時，則可將全部家產沒收，反之，承繼者二名中，其一名爲尊長時，則沒收家產，僅能及其個人所有之部分。

四、家產之外，雖承認家族有私產，惟家祖或其死後承繼人一名爲尊長時，則尊長無私產，反之，承繼人有二名以上，而其一名爲尊長時，則常在家產之外，得有屬於尊長之私產。

以上數條，若家產屬於家族所共有，而尊長不過爲其代攝機關時，則尊長依家祖與承繼人，或依承繼者一名與二名以上，對於尊長在家產上之權力當無如是之差別。要之，以上諸點，終難說明家族合有說。余以爲上記理由，不得否認父子共財制，惟在此缺乏充分之資料，判斷其見解之正否也。苟臺灣私法之見解無誤，則與本文關聯發生之問題爲：一、唐宋父子（直系尊卑間）共財制，後世變化爲兄弟（旁系親間）共財制歟？二、所謂唐宋父子共財制，其實卽兄弟共財制歟？三、唐宋時代，父子共財與兄弟共財並行歟？等是也。余在先並非不知臺灣私法之所論，迨知水谷氏最近之著作，與臺灣私法幾爲同一見解始惹起一考。

關於唐宋時代之家族共財制，固不待言，爲中田博士之精密研究也。其在唐宋之律令法上，父子共財之存在，得肯定之，且似未見可以否認之資料。在唐宋戶婚律子孫不得別籍條中，記曰：「諸祖父母父母在，而子孫別籍異財者，徒三年。（別籍異財，不相須。下條準此。）在其官撰之註釋書而具有法的效力之唐律疏議及宋刑統中，則言：「別籍異財，不相須。或籍別財同，或戶同財異者，各徒三年。故云不相須。云云」即如中田博士所述，法律之前提，爲直系尊卑屬之同籍同財（同居同財）也。五代史記卷二十八趙鳳傳中亦記：「全義養子郝繼孫，犯法死。宦官伶人冀其貲財，固請籍沒。鳳又上書言，繼孫爲全義養子，不宜有別籍之財，而於法不至籍沒。刑人利財，不可以示天下。」由律推之，亦可視作父子共財之一資料也。又唐宋賊盜律緣坐非同居條之問答載：「問曰。老疾可免者，各準一子分法。假有一人年八十，有三男十孫，或一孫反逆，或一男見在，或三男俱死，唯有十孫。老者若爲留分。答曰。男但一人見在，依令作三男分法，添老者一人，即爲四分。若三男死盡，依令諸子均分，老人共十孫爲十一分，留一分與老者，是爲各準一子分法。」以父子祖孫（直系尊卑屬）間之共財，想像在強制的分割情況下，如僅以兄弟或叔姪之旁系親間之共財爲前提，當難以想像。自漢代以來之史料中，如中田博士所舉示互及數世之同居同財者，比比皆是，惟旁系親間之同居同財，亦甚多。然若歷經數世，共同祖先死亡。乃可作通例解耳。再如晉書刑法志所載魏律序略中：「除異子之科。使父子無異財。」此可作父子雖異財同時亦同財之證也。若是以言，如父祖依生前或遺言，對家產施行自由處分之行爲時，得解作基於父祖強大之敎令權，至少不得否認唐宋之施行父子共財。

以上姑置之以備後考。本文因便宜上殘留之事項及資料甚多，擬一併於二三年後伺機對本問題詳述私見。

六　唐宋貴族對於寺院之經濟

三島　一

中國寺院經濟，由南北朝以至唐宋，顯著膨脹，其事不待言而明。即以僧口之遞次增加，㊀寺院數之一般激增㊁尤其是寺產蓄積之豐富等等㊂傳說已久也。

此等寺院，其經濟的發展過程，必與皇親貴族豪門勢家皆有經濟的交涉。夫寺院經濟，多仰賴有權力者之擁護育成，始得發展，其事明也。然若發展過大，必爲國家所不喜，而以國家權力於種種情況下，對於寺院，發揮其拘束力。此事已有一二研究，㊃余亦有所論焉。㊄

至於代表國家權力之皇親貴族對於寺院經濟之發展過程，如何而佔有寺產，就此問題宜先考察此等權力者與寺僧之經濟的接觸。

夫寺僧以擴張自家勢力之目的，而接近權貴，此習慣由來久矣。例如北魏貴族之私養沙門，㊅南朝梁之有家僧㊆唐玄宗時有門徒㊇名稱，皆是。尤可注意者，爲僧口之激增，居住一寺之僧尼平均數，顯然增大。[9]此與南北朝以來之爲政者，屢圖劃定一寺僧口之政策[10]結合考察時，在寺院經濟發展史上，其矛盾現象，必爲過剩僧口之問題。卽遊僧之問題也。遊僧——與遊民流民等爲對比——由南北朝而至唐代發生甚盛，其與貴族民衆於種種意義中而行接觸之事，史上有若干明證可尋。[11]關於其活動狀態雖不十分明瞭，惟爲重要之社會問題也。家僧遊僧之存在，應知寺僧與一般社會有密接關係。觀於豪貴階級保護助成之造寺造像等[12]當時盛行，想其關係甚深。豈非暗示兩者之世俗的交涉耶。一方並能想像貴族庶民之侵入寺院（宿房）一點焉。

關於唐宋時代貴族軍人之居住地方寺院，與地方人士之寄宿中央寺院，其事實之多，余嘗論之矣。[13]惟尤以唐代地方寺院之止宿弊害，屢頒禁止之詔制。[14]然在北宋末季，汴京因金人之故而陷落，發生所謂宋室南渡之事，其時中原士大夫長嘆住宅難覓者衆，高宗因准許貴族官僚等於臨安附近，佔居寺院，其事曾傳於癸辛雜識。[15]

蓋一方有私僧遊僧之存在，他方復有宿房之制——轉爲佔有寺宇之事實，形成權貴兼併寺院之一契機。於是產生「功德院」「功德墳」等無足怪也。

至少，宋初皇族貴顯之墳墓地，亦許建所云菩提所之墳寺矣。〔十六〕

至徽宗大觀年間，發生功德墳寺。此墳寺亦爲私寺。且得由自家設置住持（家僧）請天子免科賦，賜勅額，謂爲墳寺功德，〔十七〕而私權遂顯然合法矣。余乃思及功德院焉。

據佛祖統紀，功德院始見於唐睿宗景雲二年。〔十八〕其後於玄祖開元十五年亦有之，〔十九〕代宗大歷時，明詔輔相大臣建立功德院。〔廿〕通唐之世，親貴權門功德院之存在，不難推測。卽五代，後唐明宗時，亦有之。〔廿一〕至於於宋代，其數更夥，不遑枚舉。〔廿二〕

此功德院不僅爲祖先冥福，且爲己之後世而設，亦未必徑置於墳園中，雖未發見其他理由，〔廿三〕恐與功德墳寺有親密之關係，豈皆非貴族私寺歟。

此功德墳寺（或日功德院）其家屋莊園，在賜寺以外者，係所有者貴族所置。由該貴族（對於私寺之本家）聘僧住持。〔廿四〕若此際別有賜額寺院，（卽可免課賦者）卽發生以其寺院爲墳寺或菩提所之事情，凡設立私寺，必應自家擔負經濟，若避免之，遂完成一種兼併的狀態。

宋代發生甚夥之功德院其實例有從來之寺院。根據某某奏請，而明記爲功德院者。〔廿五〕卽未明記，追與建造年代及定爲功德院時，相隔已久，當亦即佔爲己有。

在大觀三年說明功德墳寺合法性之佛祖統紀後文內有：「不許指占有額寺院，充墳功德」[36]之句，明係禁令，而誇張其強制力者，惟同時，可知有兼併事實之存在。

又統紀所載，據左司諫陳公輔疏，雖在執政之職，亦行指射（＝指定）有額寺院而爲墳寺之功德者，益形增加，故希望以有額寺院廢止功德墳寺而以無額一小院代之。即察知其雖爲自造已賜敕額之墳寺，亦應停止其經濟的特權也。

在此後文內，[37]知李綱有常州[38]之普利及邵武之興聖二院，[39]俱爲有額，另佔無額小院（有額二院，似被沒收者）[40]此與樞密沈與求之事例相同，沈有自造之墳寺妙嚴院爲有額，因違反此改正之條，希代以無額小院，高宗因係自造而許之，然因諫臣之言，與以無額小院著爲例。[41]

在此可提示一重要問題，即有額與無額之差異——即勅額之有無問題。夫敕額之賜予寺院起於何時？對此問題猶未得明證。唯依韋述所記，[42]當可上溯於隋初，然功德院因唐初即存在，[43]故至少得追溯至其時。惟賜予敕額，佔經濟上獨特之地位，而有免賦課之特權。——唐代尙缺明證——

——據前所述，蓋無大誤。反之，無額寺院則如何？此較之有額寺院，以無地位上之保證，爲勢力微弱最消極的暗示，祇得提出一二耳。[四四] 然而權貴之墳寺，雖亦得免賦課，仍焦慮欲佔有額寺院，或使自造墳寺之得額也，況有額寺院附有豐富之寺產乎。

若此考察無誤，貴紳有額寺院之指射，決不以紹興之改正而絕滅。否則傾向於功德院之賜與乃可信之理由也。據淳祐十年三月臣寮上言，[四五] 殆可明瞭。卽知貴紳指射名刹，奪其田產，其子弟受庸僧之財賄，任之爲住持，以己生活之資源，仰之該寺。此際本家與住持之結托，漸成問題矣。

若此狀態再繼續時，宮中有科需，以之配於民戶，此爲害民之重大者，其意義臣寮曾痛言之；[四六] 更應關心者爲其時豪富階級重壓下之庶民狀態。

先於臣寮上言者爲天台沙門思廉，其寄杜清獻公書中，有曰：[四七]「既已爲奪僧伽藍之地以爲墳。而又欲影佔數寺爲功德」。[四八] 更述「貴族兼併寺中所有諸物，徵發米·茶·筍·柴·炭·竹木之類，甚焉者，（僧侶之）月奉（俸）水陸之珍，[四九] 亦難免徵。」復痛嘆曰：「若爲亡僧，更橫領其遺財，與彼等私財兼併。

思廉次論對策其原意在四明（浙江省寧波府）之大寺七山有史氏私造寺院，合於淸額資格者除外，[32]凡佔奪有額之舊寺者命御史臺備役人，調查各郡，至其他寺院各給以帖任命住持。從來爲貴紳侵佔之有額寺院之山林屋宇，悉數返還。且對於貴紳子弟與住持交通姦惡時，須充分處斷之。[33]

中有任命住持宜注意之議論，可知私家與住持結托，而增加兼併之現象，乃事實也。但其見解，不欲與貴族激烈鬥爭，終未得實行，想彼於此點，亦曾憂慮之。[34]

此議論終遭忽視，因之有淳祐十年之臣寮上奏，（此奏當被許可。）其奏文，簡明表現思廉之意思，其主旨不僅禁止指射，卽出家與在家交通姦惡之事亦在禁止之列。[35]此禁令之效果，對宋末寺院兼併，果具如何成效乎？以全無確證，故不明瞭。惟照塚本學士之主張，宋朝之財政難，佛教教團之頹廢墮落，若果爲事實，則皇親貴族之寺院兼併，當潛伏何種經濟上之重大原因歟？然則，以一紙之禁令，欲禁止豪貴階級向寺院之壓力，殊屬難能。

唐宋寺院經濟之膨脹發展，使教團由組織而固定而停滯，以至頹廢。成而孕育其自體之一契機。一方因大地主之發展皇親貴族，以國家專制權力爲其背景，排斥一切障礙，蠹蝕寺院之經濟，教團因而崩潰完全無力。此爲經濟的發展必然性，彼佛教理論雖陳於豪貴階級之攻勢前，殊無何等意義也。

明乎此，而唐宋貴族佔有寺院之史的意義，始得瞭然。

〔註〕

①唐代以前之僧口，見於唐道宣釋迦方志（下）法琳辨正論道世法苑珠林（卷一二〇）宋志磐佛祖統紀（卷五三等）等書，尤其在北魏者，以魏書卷一一四釋老志，在唐宋者，以統紀（卷三九至四七）爲最。又如稻葉君山博士之「中國社會史研究」（二〇八頁至二〇九頁）於塚本善隆學士之「宋之財政難與佛教」（桑原博士紀念東洋史論叢）之中，各加若干考察。僧口統計，大體南朝爲八萬——三萬，北朝爲二百萬——二萬，惟在隋代約爲二十三萬，唐代大體在三十萬左右，因此可信僧口之增加。尤以從來諸家對於僧口研究，俱不充分，余首先以僧籍之研究爲基礎，且合併憑由度牒私度等問題考察而出之。又此問題，當自其他機會，與寺院統計，一述私見。

②關於寺院數，參照①項諸史料諸研究時，大體南朝爲三千——一千二百，北魏之三萬，則有異例，惟隋代實近四千。至

於唐開元年間之統計，爲五千三百五十八（唐六典卷四）。（此數復載唐會要卷四九僧籍中，余則考察天寶六載造籍當時之數，當與開元年間至天寶初期無甚差異。）再此統計數，不含蘭若招提（小寺院）之數。可以武宗時寺四千六百蘭若四萬（唐會要卷四九等）之數比例之，總之可想見寺院數之增加也。（又關於寺數研究，對廢止佔奪，併合等亦應加考慮。）

㊂關於寺產中之寺塔像（玉井是博學士「唐代社會史之考察」（史學雜誌第三十四篇第五號二四頁至二五頁，二七頁至二八頁）莊園（中田薰博士「日本莊園之系統」（國家學會雜誌第二〇卷第一號。）加藤繁博士「唐之莊園及其由來」（東洋學報第七卷第三號同博士「唐宋時代莊園之組織並其聚落之發達」（狩野博士紀念中國學論叢）等書，亦論及寺莊問題，惟就中敍述完全者爲玉井學士「唐代之土地問題」（史學雜誌第三十三篇第十號，三三頁至四四頁）等書。）但從來之研究，關於封建的大土地所有發展過程中之寺莊地位，俱不分明。尤其對於境界問題之重要性等皆已忽略，（例如金石萃編卷七四中敍述少林寺界至問題，續世說卷三（宋山閣叢書）中敍述唐太平公主對李元紘寺碾磑之相爭，以及後晉劉知遠之犯僧田等事實。）又寺產之碾磑店鋪（前引玉井學士第一論文一六頁至二〇頁加藤博士「內莊宅使考」（東洋學報第一〇卷——第二號）寺庫（拙稿昭和二年度大學院研究報告）亦有之，惟勞動力之寺奴婢，俱當注意。如北魏之佛圖戶寺奴婢（魏書釋老志）南朝寺院內之白徒養女（南史卷七十郭祖深傳）人力（續高僧傳卷五梁法寵傳）隋之寺戶（釋文紀卷四〇鄭辨志宜州稽亭山沙顯寺碑）以上皆寺之奴婢也。關於唐代者，在玉井學士前引之第一論文（七二至七四頁）中，甚詳。

又唐初有呼家人之名稱者。（廣弘明集卷二十八所載唐太宗「於行陣所立七寺詔」）

㈣ 稻葉博士前揭論著所載「由經濟史上觀察中國佛教徒之地位」玉井學士前揭第二論文（註3）二八頁至三二頁，曾我部靜雄學士「宋代度牒雜考」（史學雜誌第四十一編第六號）塚本善隆學士「宋之財政難與佛教」（桑原博士紀念東洋史論叢）「宋代之財政難與佛教教團」（宗教研究第七卷第五號）

㈤ 拙稿「唐代之度牒問題」（史學雜誌第三十七編第八號）七二至七四頁，同「宋代之賣牒」（同雜誌第四十編第十二號）八九至九〇頁。

㈥ 北魏書卷四世祖本紀所載太平眞君五年正月戊申詔曰：「自王公已下至於庶人，有私養沙門……」

㈦ 由梁天監十六年前後（根據私見）迄至普通年間，爲武帝之家僧者，有法寵（續高僧傳卷五）僧遷（同上）慧超（同上卷六）等。

㈧ 册府元龜卷一五九所載玄宗「禁百官僧道往還制」中有曰：「如聞百官家多以僧尼道士等爲門徒……」禁止其出入於私家。

㈨ 以註㈠所載之僧口除寺院數，卽爲一寺大體之居住僧口統計。南朝計二十七人弱——二十五人，北魏計六十七人弱（北周時當很減少）隋代爲五十八人弱，在唐武宗時，約爲六十人。按此計算，固難保無誤，惟可想像住寺平均僧口之激增也。

㈩ 參照拙稿「唐代度牒問題」（註5）

⑪關於由南北朝至唐代之遊僧，例如：魏書卷七孝文紀延興二年四月癸酉詔曰：「沙門不得去寺浮遊民間，行者仰以公文。」又同書卷一一四釋老志，想爲孝文紀所載之原文：「比丘不在寺舍，遊涉村落，交通姦猾，經歷年歲。」再廣弘明集卷二五沙汰僧道詔（据私見爲高祖九年五月之詔）中曰：「嗜欲無厭，營求不息，出入閭里，周旋闤闠。」在唐大詔令集卷一一三所載玄宗開元十九年四月之詔中，敍述僧侶曰：「或出入州縣，假託威權，或巡歷村鄉」

⑫註⑪所引關於玉井學士之唐代寺塔像之研究，就中對於像設，可參照稻葉博士「中國社會史研究」（一九五頁——二〇七頁）

⑬大正十五年三月提出之拙稿卒業論文「關於唐代佛寺經濟一考察」第四章「佛教之社會事業」第二節「佛寺之宿房」曾論及此問題。

⑭在唐初以來地方寺院中，軍人及官吏多有止宿者，「諸客居止狎而黷之」（唐大詔令集卷一一三）猶不止此，「天下寺觀多爲官僚寄客蹂踐」（統紀卷四二）雖經前後兩回禁令（据前引二書之例）其實效則可疑。

⑮據癸辛雜識後集一八（津逮本）記載：「南渡之初，中原士大夫之落南者衆，高宗愍之。昉有西北士夫許佔寺宇之命」文下列舉當時士大夫佔有寺院之名。根據此文，蓋在此許可以前，佔有寺院之事，非公然所許者也。

⑯據宋史卷二九九所載，仁宗英宗時之張洞傳：「又文武官內臣墳墓得置寺撥放，近歲滋廣。」又據續資治通鑑長編卷二一九神宗熙寧四年一月壬子條所引保州（湖南）之奏文中，於上皇（英宗）墳園，奉敕建資果禪院，且撥田十頃贍養僧徒。

(37) 佛祖統紀卷四九，宋徽宗大觀三年之記載：「勅勳臣戚里應功德墳寺，自造屋置田，止賜名額，蠲免科數，從本家請僧作……」以有額而蠲免科數之功德，在後文中知之。因賜額又為蠲免之意義，故不得不謂一大特典也。關於此寺院之特權化（尤其是寺租蠲免與免役問題）載於拙稿「關於宋代寺院課稅之一考察」（史學雜誌第四十四編第七號）九九頁。

(38) 統紀卷四〇，唐睿宗景雲二年所記：「勅貴妃公主家，始建功德院。」

(39) 同書卷四〇，唐玄宗開元十五年所記：「勅天下村坊佛堂小者並拆除之，功德移入近寺堂，大者皆令封閉，公私望風，凡大屋大像亦被殘毀。」所謂功德，豈非功德院之事乎？

(40) 同書卷四一，唐代宗大歷二年所記。

(41) 據五代會要卷一二寺所載後唐明宗天成三年六月七日之勅曰：「應天下大寺及勅賜名額院宇兼有功德堂殿閣已成就者各勅住持」。此亦功德院也。

(42) 宋代（尤其是南宋）其例固甚多，惟今僅止舉數例在咸淳臨安志（寺觀九寺院十三）中：

1、崇恩顯義院　大師蒲察氏功德院。

2、勝因顯報院　蔡卞紹聖二年請充功德院。

又寶慶四明志（卷十三）（靜嘉堂文庫藏）中：

3、報忠福善院（唐光啓二年建）嘉定二年樓參政府請為功德院，賜今額。

4、佛隴山積慶顯報院（唐咸通十三年立）慶元六年充孝淑皇后宅齊王府功德院。
5、辨利寺（端拱中立）今爲史丞相府功德院。
6、大中祥符寺　嘉定中史嘗書請爲功德院。
又據前引四明志所載之鄞縣志中：
7、翠巖山移忠資福寺（唐乾寧二年）嘉泰四年張參政府請院爲功德寺，賜今額。
又如吳興志（靜嘉堂文庫所藏）九十五頁所記如左：
8、崇福安慶禪院在（長興縣）北二里——紹興七年賜額奉懿節皇后祠。
之功德院。又同志德清縣之所記中：
9、寶覺慈光禪院（宋熙寧中建）紹興三十二年自知省徐伸乞爲功德院，賜今名。
以上各例，占紹聖二年（哲宗）紹興七年，三十二年（高宗）慶元元年（寧宗）嘉泰四年，嘉定二年，嘉定中，（寧宗）寶慶（理宗）各年代連亙約三十二年間，則宋代功德院之存在，爲儼然之事實。

㉓ 關於功德院不僅爲新祖先之冥福，在後註㊴中亦明瞭言之，且能了解盛佔多數功德院之財產事蹟，因之在「墳園」以外之地，亦有設立，當非不可思議者。（參照註22·30·39）

㉔ 參照註㉗

㉕ 如註㉓之2，3，6，7，9，之例。

(36) 統紀卷四六，對再違背者曰：「許御史台內侍省彈劾施行」

(37) 統紀卷四七，紹興七年所記：「乞照祖宗成法，不許執政指射有額寺院。應臣僚前曾陳乞有額寺院充墳寺功德者，並令改正，許與無額小院。……」所謂祖宗之成法者，當爲大觀之法令也。據此文所記，能察知紹興七年其以前寺院兼併之多。

(38) 與註(37)同。

(39) 江蘇武進縣。

(40) 福建建安道，據宋史卷三五八李綱傳，邵武爲彼故鄉，故有其墳寺，而常州者，當爲普通之功德院。

(41) 據註(40)引用之同傳，彼歿於紹興十年。爲知（樞密）院（事），在欽宗初年，此二院之佔有，當在其時。

(42) 沈與求於紹興五年爲（兼知）樞密（院事），歿於七年春六月乙巳。（宋史卷二八高宗本紀卷三七二沈與求傳）因之，此上奏可視作在紹興五年及七年之間。再其出年身爲湖州德清縣（浙江吳興縣），故妙嚴寺蓋亦在其處。

(43) 據兩京新記（唐韋著述）於「十字街東之北廷法尼寺」一題下，記載：「隋開皇二年，坊人田通所立。隋文帝初移都，使出寺額一百枚於朝堂下，制云能修造便任取之云云」以此理由，固不充分，惟由隋或其以前，蓋爲普通意義之寺額也。

(44) 參照註(39)

(45) 據註(41)之五代會要（一二）天成二年六月一項之後文：「……其餘小小佔射，或施捨及置買，目下屋宇雖多，未有佛像者，並須量事估價。一時任公私收買，其住持僧便委功德使及隨處長吏，均配於大寺安止。如院在僻靜之處，舍宇無多，不堪人承買者便仰毁拆，其材木給付本僧田地人請射，仍限敕到後十日內，並須通勘騰併了絕。如敢遷延及有故違，其所犯僧徒二年，尼杖七十，並勒還俗。若有形勢借庇，當移不移，誑惑宮中，更求院額，旣達聽聞，所知之人不係官位，並行朝典（此蓋爲功德院之處置）如要增修福利則任於合留寺院內興功」文中可注意者，於後唐明宗之整理佛寺時，大寺院（或者特權階級之私寺）執取保護政策，小寺院則收買或拆毁，其土地任人請射，可知當時權力者佔有他寺院，求寺額其手續已將終了矣。余在此得窺知唐末小寺院之地位。關於宋例則極鮮，惟例據宋史卷一七三食貨志所記，紹興二十一年大理寺主簿丁仲京言曰：「凡覺田爲勢家侵佃，命提學官覺察，又撥常住絕產，以贍學。」其後見及：「戶部議併撥無勑額庵院田，詔可。」對當時學田之被侵，常住田之廢棄，尤其是徵發無額寺院之莊田，其事彰彰明甚。再靜嘉堂所藏之三山志一二版籍類三，贍學田中，有元豐初年之例，同志五，廟學中見及紹興十年之例，更如紹興二十一年之例，可知其一再不止，總之，據此等事例而觀，當能察知無額小院之勢力微弱也。

㊻ 根據佛祖統紀卷四八，記載如左：

邇年士（大）夫一登政府，便萌規利，指射名刹，改充功德。侵奪田產，如置一莊。子弟無狀，多受庸僧財賄，用爲住持。米鹽薪炭，隨時供納。以一寺養一家，其爲污辱祖先多矣。況宰執（執政）之家，所在爲多，若人佔數寺，國家名刹所餘無幾。

㊼ 於註㊻之後文爲：「宮中一有科needs，則必均諸人戶，豈不重爲民害。」在宋代爲免寺院之支移科配而爲患民間之事，

見於建炎以來朝野雜記甲集一六財賦三僧寺常住田一項中。又咸淳臨安志卷五九頁賦中記寺觀地積因不課稅卒使歲入減少，此減少情形如何？據宋史卷一七一五食貨志布帛條載：「淳熙八年，詔兩淮漕臣吳琚與寺臣張子顏措置子顏等言……僧道寺觀之生，或奉詔蠲免，（註17）而省額未除，不免陰配民戶，此暗科之弊也。」宋時卽課免寺稅，而定額不舉有礙國庫，遂暗將省額使民衆負擔之。此事遺害民間，固不待言。然據咸淳十年臣下之上奏，（宋史卷一七四食貨志）欲休養民力，則特權階級之寺院免稅，終難默認，其主張遂被承認。

● 余於本文中，斷定思廉之書在淳祐十年臣察上言之先。然載此書輸之統紀，於上言之原注中，不明年次。夫思廉爲何人，固不知其詳，至若杜清獻公，則與記於宋史卷四〇七列傳中之杜範爲同一人，彼於淳祐四年十一月辛丑以來任右丞相。其生歿年代，列傳未明載，惟據理宗本紀（卷四十三）在淳祐五年正月丙午一條下：「杜範辭免右丞相，不允。」更在夏四月丙戌項下：「薨。」然則天台沙門思廉之寄書於杜範，至遲當在淳祐五年四月丙戌以前也。惟思廉書中有：「區區愚衷欲望大丞相明察積弊，檢準舊法」之句；又云：「清整法門，申明朝憲，誠有在於大丞相奉行之力。」若文中之大丞相，容許解作右丞相之意時，則此書可視作在淳祐四年十一月辛丑至五年四月丙戌六個月中所書者。基此理由，故余斷言：「在臣察上言之先」也。

● 按墳寺功德院之設置，係於貴族之奪佔，可視作其非限於一處者。（參照註30・32）

● 僧儈由南北朝時已行之（參照僧史略中等。）又關於寺僧金融之事實，據之沙州文錄（後集）等所載之證文，卽能明瞭。至於其他徵證，並非無之，惟在茲暫從略。由此觀察，當然想像寺僧之私財也。

● 關於僧尼遺產之處分有一二實例。例如根據宋高僧傳卷十三唐乘如傳所記：「先是五衆身亡，衣資什具，悉入官庫。然歷累朝，曷由釐革。如乃援引諸律出家比丘，生隨得利，死利歸僧。言其來往本無物也。比丘貪畜自茲而省者，職由於此。今若歸官，例同籍沒。前世遺事，闕人舉揚。今屬文明，乞循律法，斷其輕重。大曆二年十一月二十七日敕下。今後僧亡，物隨入僧。仍班告中書門牒。天下宜依如之。」（下略）此正與代宗大曆二年前完全籍沒亡僧私財於國庫相反，其時公式上以亡僧私財爲僧物，而定分配於寺院內者，惟其後以某種原因，中書門牒之効果似已消滅。此據之統紀卷四一德宗興元元年（距大歷二年，後十七年）之記載：「勅，亡牒尼資財，舊係寺中檢收，送終之餘，分及一衆。（此爲大曆二年後之狀態）比來因事官收，並緣擾害，今並停納，仰三綱通知，一依律文分財法」（南山事鈔衣法篇及亡五衆輕重儀）又統紀卷四五內律分財條載，不見此二書名，據其後文：「官司仍前拘收者以違制論」則甚顯然。惟其後能否完全履行律文之規定，殊爲疑問。（關於南山事鈔亡五衆輕重儀等，以寡聞而不明，甚覺遺憾。）

● 關於史氏之功德院，參照註●5·6·但此二例，似非私造。惟前引寶慶四明志卷十三中：

1、教忠報國寺大慈山史　丞相府功德寺

2、妙智寺大慈山　史相丞府功德寺

3、勝像寺　史越王府功德寺

想係自造者。此蓋合格矣。然所謂史丞相史越王者何人？據宋史卷二九六所載之史浩傳，彼爲明州（四明）鄞縣人，紹熙十四年成進士，迄進至太師，紹興五年歿，封會稽王。寧宗復於嘉定十四年追封之爲越王。蓋史越王府功德寺，即此時以後爲史浩而設立者。又前記史浩傳末段，記其子彌遠於嘉定初年爲右丞相。前引註㉑之史丞相前記之史丞相府，想係指稱其人。註㉑之6項，當認爲在嘉定中也。

㊸ 統紀卷四八淳祐十年三月之原注所載，見思廉狀之本文中：「凡宰執之家除四明大寺七山，史氏自造請額合格外，佔奪有額舊寺者，專令臺部置司，行下諸郡，從實供訴，悉與拘同。並從所屬給帖住持，仍釐正在前侵佔山林屋宇。歸還各寺。子弟有敢與住持交通，如前侵佔者，許雜人密告，臺部追捕，幹史斷刺，號令住持，勒令罷道。」然則御史臺如何嚴正追捕之，猶爲疑問。

㊹ 根據前引思廉狀之末尾所記：「誠有在於大丞相奉行之力，不爲物論動搖爲可耳。」而深知之。

㊺ 統紀卷四八淳祐十年三月臣寮上奏之末尾中記曰：「申嚴舊制，（大觀紹興制）應持佔勅額寺院並與追正。仍從官司。請僧庶。以杜絕私家交通寺院賄貨之弊，制耳。」

㊻ 參照註④塚本學士諸業蹟。

〔附　記〕

本文草竣後，在宋會要所載崇寧四年五月十四日臣寮上言中，發見：「……今後臣寮奏請墳寺，不許特免役錢……」之句。其詳考期於他日，惟此當爲墳寺特權化之一史料也。（參照註㊼）

七 初期之白蓮教

重松俊章

——附元律中之白蓮教會——

一、白蓮教會（白蓮菜）之發生及其教團——二、白蓮教會之教義儀法及其法脈系統——三、初期之白蓮教會尤其是元律中之白蓮會

一、白蓮教會（白蓮菜）之登生及其教團

中國佛教之異端宗門中，最著名者爲唐宋時代之彌勒教匪與宋元明清時代之白蓮教匪。前者爲隋代附會佛傳彌勒佛由兜率淨土再來下生，而發生一種祕密經會，歷經隋唐五季而至北宋末期爲全盛時期。元末大亂時，曾與白蓮教匪之勢力混合而活動，爾後其勢頓衰，幾難認其獨立的存在。㊀

至於白蓮教則在南宋初期，由彌陀淨土思想之復興而發生念佛宗一派。經宋元時之艱難發育，至明清而勢力強大。前者屬於華嚴及眞言密教之緣起論派，後者屬於天台宗之實相論派。就其

發展之過程而觀關於中國彌勒淨土（兜率往生）及彌陀淨土（西方極樂往生）之信仰的盛衰消長，與此兩教門大體相一致，不得不謂爲中國佛教史上饒有興味之事實㊁。

白蓮教發生於南宋之初，當時此宗門其內容（教義）與外形（儀式）皆與明清時有極大之差異，此乃異端宗門與祕密經會之性質上所難免者。蓋其宗門在發生初期原爲天台法懺與彌陀念佛之禁慾主義的淨業團體。由其教團之性質論，實爲一種半僧半俗的優婆塞宗門，嗣遭官僚教敵等之強烈迫害，致與社會不平分子勾結，漸變更其教理與儀式，遂與發生時之面目全異。

關於此宗門發生之史實可稽者，僅有南宋沙門宗鑑之釋門正統（卷四斥僞篇）與志磐之佛祖統紀（卷四十七，五十四）二書。今就此類史册觀之，白蓮教（白蓮菜）爲南宋高宗紹興初年（志磐爲三年）吳郡（今之蘇州）延祥院沙門茅子元所唱道。彼仿照所學之天台宗，作圓融四土圖晨朝禮懺文及四句偈歌，主張佛念五聲之說，集合男女同志精修念佛懺悔之淨業，此其起源。關於茅子元之個人行爲，據志磐（佛祖統紀卷四十七）之記載：

自稱白蓮導師，坐受衆拜。……相見傲僧慢人，無所不至。

可知其自信自尊之程度。至其教徒：

謹葱乳，不殺，不飲酒，號白蓮菜。受其邪教者，謂之傳道。與之通婚者，謂之佛法。……愚夫愚婦，轉相誑誘。聚落田里皆樂其妄。

其戒殺生，避肉食葷酒，皆本於廬山白蓮社而爲念佛之淨業團體。白蓮菜蓋「菜與齋通」因欲禁止葷肉飲酒而行素齋故名白蓮菜。據宗鑑（釋門正統卷四）稱白蓮菜一名茹茅闍黎菜，更足證明爲茅子元阿闍黎茹素（素齋）之淨業團體的用意。至加入白蓮菜者曰傳道，與之往來交通者（通婚者？）曰佛法，男女互相引誘，勸勉參加此淨業團體，鄉村田里之民相率依歸，其當時狀態如是。㊂

其時白蓮菜之勢力，有意外驚人之盛况，其實力幾與喫菜事魔（摩尼教）教徒之危險相埒。遂惹起欲徹底取締而獻議於當局之人，問茅子元以妖妄惑衆之罪，流謫江州（即今之江西省九江縣），同時，白蓮菜之淨業團體，亦被禁止。此固創教之初，一般宗教所應有之「法難」也。經此「法難」一試鍊後之白蓮教團，其活動情形，究竟如何，以缺乏史實，無法臆測。惟據宗鑑（正統卷四）所敍云：

後有小茅闍黎復收餘黨，但其見解，不及子元。又白衣展轉傳授，不無訛誤，唯謹護生一戒耳。

自茅子元流謫江州後，繼起者名小茅闍黎，收集餘黨，努力復興此宗門。唯小茅闍黎之見解，不及祖師茅子元，以致其教逐漸展轉傳授於白衣之間，甚至誤傳師說。結果，保存者僅殺生一戒。以上所敍述茅子元之白蓮菜開創當時之情況，爲根據宗鑑與志磐之記載，惟該教團詳細組織的機構，史册中未曾明記。茲再綜合宗鑑與志磐所載而考察之，白蓮菜在南北宋時爲常見之事例，當亦不過以高德沙門爲中心，專修念佛懺悔之道俗混合的淨業團體耳。㊃白蓮菜與他種佛教念佛淨業團不同處，徒侶有取妻之半僧半俗之道人。㊄因此在念佛懺悔之集會等時，往往男女混合，或於倫常之間，有難默視者，此種弊害之發生，亦恐未嘗不有。是以志磐等教敵痛罵云：

假名淨業而專爲姦穢之行。猥褻不良，何能具道。（統紀卷四十七）

此與其他佛教之淨業團不同處，因白蓮菜教徒爲永久茹素之齋戒團體，與既成佛教之信者或淨業團，僅於一定時期中於其期間禁止葷酒肉食者大異。宋代所起之半僧半俗的通俗易行之宗門，不論爲白蓮教白雲宗，要皆嚴禁葷酒肉食，勵行菜食者；或即時人所以稱之爲白雲菜與白雲菜也。惟此風並非起於南宋初期，唐末五代時，福建兩浙江西等處祕密經會之二宗教（摩尼明尊教）徒間早已風行此習，至呼彼等爲喫菜事魔，蓋即因菜食之故。南北宋時白雲宗白蓮教，接踵而興，亦蹈襲此種風習，不過聳動時俗耳目，不料竟遭與喫菜事魔相同之疾視，概在擯斥迫害之列。考當時克己禁欲的茹素風習，流行於一般社會之理由，雖難確知，但其時戰禍慘烈，南宋初期之庶民階級，在經濟上亦難受肉食葷酒之惠。此外之重大原因，爲中世末期一般教徒感受 Ascetic（苦修者）風潮之影響，自亦不淺。

〔註〕

㊀ 參照拙稿唐宋時代之彌勒教匪，載史淵第三輯。（九州帝大史學會發行）

㊁ 由日本佛教史上觀言彌勒淨土（兜率往生）多限於華嚴與眞言等，其後此信仰衰滅，而比叡山之佛教派出於是日蓮之法華，法然親鸞之彌陀念佛（西方淨土）諸信仰相繼而生，至今未替。

㊂ 志磐所云「受其邪教者，謂之傳道」當係指加入白蓮菜教團服從戒律清規之純粹信者而言。惟「與之通婚者謂之佛法」意義甚欠明瞭，若就文字解釋，當爲與白蓮菜徒奸通，謂爲佛法。但志磐爲既成教徒對於新宗教抱反感者

也因而指白蓮教徒爲姦穢不良之徒，謂白雲宗徒爲男女無別之姦民，誘惑大家姬妾，有識者宜加禁止等語。關於此層以宗鑑之記述較爲寬大公平。據著者意見，由志磐之筆法觀之，雖照字面解釋爲「通姦」，或以當時白蓮菜信徒，交相往來出入法筵會席，欲與佛法結緣之輩，故意痛罵之耳。

[illegible]由北宋至南宋結社念佛之風，披靡教界之上下。此際尋常以高德之沙門與道士爲中心，而產生淨業團。據釋氏稽古略（卷四）宋哲宗元祐四年記載：

靈芝律師元照，普勸道俗歸命西方極樂世界，阿彌陀佛。……時名勝盛結蓮華淨土念佛社，

上記者，不過揭示其一例。

[illegible]關於白蓮菜之沙門有妻室之「火宅僧」一事，宗鑑言：「白雲與白蓮相混，特以妻子有無爲異耳」（正統卷四）。志磐亦言：「白雲之徒幾與白蓮混，特以無妻子爲異耳」（統紀卷四十六）。白蓮僧有妻，亦見元律通制條格（卷二十八）。

二、白蓮教會之教義儀法及其法脈系統

上述者爲茅子元之白蓮菜開教事情，與其教團之性質結構等。在此則論白蓮教之法脈，以及其教理法儀等之由來。據宗鑑與志磐之記載，茅子元初學於北禪梵法主之會下，依倣天台，以圓融四土圖晨朝禮懺文，四句偈歌及佛念五聲爲唱道。按北禪梵法主之傳記，曾載於佛祖統紀（卷十四）之諸師列傳中。據云北禪梵法主本名淨梵，嘉禾（今之浙江嘉興縣）人，十歲時在勝果永懺

主（天竺慈雲大師遵式之弟子）處出家，常念阿彌陀佛。後謁四明法智大師智禮之法孫神悟處謙法師，卽在該處完成其教學。元祐初年時住於姑蘇（蘇州）之大慈寺，講授天台之三大部業，其時受業之門生遍佈於吳地。彼亦倣照法智與慈雲等之芳躅，精進於當日風靡之結社懺修的淨業三昧，以二十八人結社，定二十八日爲一期，前後三次以修法華懺儀。如是者由元祐迄於宣和，以姑蘇爲中心，擴展法益於四方，至南宋高宗建炎元年逝世。由是觀之，北禪淨梵法主實爲天台教之沙門，一方復採結社方式精進於法華之懺悔或彌陀之念佛。玆示梵法主之法脈於下：㊀

四明法智大師（知禮）——神照本如法師——神悟處謙法師

天竺慈雲大師（遵式）眞淨思永懺主……

＞北禪梵法主

前揭四明之知禮與遵式，皆北宋初期天台教學中興之巨擘，兩者皆倣隋天台智者大師（智顗）之遺躅，根據法華經與金光明經，製作懺法（卽禮拜懺悔之儀式）且二者均爲同時熱心念彌陀佛之行者也。由此而觀，承繼其法脈之北禪梵法主，以及其會下面授之弟子白蓮菜始祖茅子元等，崇尙天台教義與尊重法華三昧等懺法，並精進於彌陀念佛，法脈淵源，有自來矣。

次述白蓮菜之教理及儀法，先論圓融四土圖，後及晨朝禮懺文，四句偈歌，佛念五聲等。按此問題，遺留記述最詳者，應推志磐之統紀（卷四十七。）茲爲閱者便於考察起見，姑不憚煩，引其全文如下：

所謂四土圖者，則竊取台宗格言，附以雜偈，率皆鄙薄言辭。晨朝懺者，撮略慈雲七懺，別爲一本，不識依何行法。偈吟四句，則有類於樵歌。佛念五聲，則何關於十念。號白蓮，妄託於祖。稱導師，僭同於佛。假名淨業，而專爲姦穢之行，猥褻不良，何能具道。嗟夫！

文中之圓融四土圖，究爲何物，按天台宗佛道證修之過程，原分四種果報土，名曰四土（四種佛土。）㊀今爲理解上引文學起見，淺釋之如次。第一：（1）凡聖同居土，爲吾人凡夫與聖者（佛）同居之土。台宗復分此爲淨穢二種：（A）如閻浮提者，爲凡聖同居土中之穢土（娑婆世界。）（B）如彌勒淨土之兜率內宮或彌陀淨土等西方極樂，乃爲凡聖同居土中之淨土。第二：（2）方便有餘土，爲羅漢死後降生之國土，在三界之外。如聲聞，緣覺等羅漢，斷絕見惑，思惑等微細之惑業（煩惱），未入無餘涅槃，卽生此土。此等羅漢修小乘之方便行，斷盡見惑等三界之惑業，得生此土。然而開中道實相之悟之智慧，尚爲無明所掩，此根本之惑業，尚有殘餘，故名曰方便有餘土。第三：（3）實報無障礙土之菩薩果報土。能斷前記羅漢等未能斷盡之無明根本之惑業，覺悟一分中道玄理之境地，即天台所謂：「行眞實之法，感得勝報色心不相妨，故名實報無障礙土」也。第四：（4）常寂光土，即斷盡無明根本之惑業的佛（如來）果報土，爲常住寂滅光明遍照之佛國土也。以上所述，乃天台所創之四土說。就此四土縱觀，則有凡聖之差別與生佛之區分。因迷悟之不同，將果報土截分爲四種等級。但橫而觀之，一經達到佛道證修極致之常寂光土時，由佛（如來）眼看來，凡聖本無差別。因生佛原來爲一，故四土互相融通無礙。再就其本質言，此等亦無各別特異之狀態，此即圓融四土之觀法也。茅子元之圓融四土圖，以此供給一般通俗的眼光，使之一目瞭然，而一一表現於圖中。按天台曾作十界互具圖等，用通俗句法說明深遠之佛理，此風自古即行之。茅子元以四土圓融之理法，用通俗句法表之於圖者，蓋亦因襲此種習慣耳。初見此圖似若說明天台之教理，惟實際爲彌陀之行者，因念佛之功德，由娑婆世界之穢土，橫而能往生於彌陀淨土，其意當不外此。據志磐所謂「四土圖者則竊取台宗格言，附以雜偈，率皆鄙薄言辭」云云言四土圖綴有鄙俗言辭，並附雜偈，反足說明四士圖之內容。

其次爲茅子元所作之晨朝禮懺文，其內容固不明瞭，惟由名稱上研究之，想爲朝晨勤行禮佛時所念誦之一種懺悔文。據志磐所載，謂其撮略慈雲七懺另加出處不明者一本（懺文。）所謂慈雲者，當爲宋杭州天竺靈山寺之靈應尊者遵式。遵式於宋眞宗時賜慈雲法師之號，爲當時天台宗巨擘。彼特別重視佛道修行時之懺悔儀式，摘抄諸經論中之懺悔部分，並製觀音懺儀，往生淨土懺儀，金光明懺儀以及懺悔儀法（懺法）等，由此精進於修懺三昧。此固爲天台大師智顗以罪障之懺悔爲佛道修行之重要手段，根據「觀普賢行法經」或「法華經」之「普賢勸發品」等倣行法華三昧（或曰法華三昧行法或曰法華懺儀）或方等三昧（行法）金光明三昧（行法）等多數之懺儀行法。因此時人呼慈雲爲慈雲懺主。當時天台教在復興期中，但其深遠之教義，反不若法華經或三大部中包括之座禪觀法，較受時人之歡迎，就中或依懺悔而消滅罪障，或依念佛而得早往生極樂淨土，此種實際之易行門爲當時所喜者。因此制懺法而專修之念佛精進之輩，結彌陀往生之社，遂風靡於教界。至於白蓮菜之始祖茅子元，當亦爲其時風潮所驅使，採取慈雲七懺及其他佛與以作晨朝禮懺文，使白蓮菜之信徒實修之。

此外如四句偈吟與念佛念五聲等，內容不明。據志磐云「偈吟四句，則有類數於樵歌，」㈢恐係借用涅槃經或金剛經中常見的有名之有爲轉變簡單之四句偈文，合以鄙俗之辭，綴爲歌詠，而成一種白蓮菜半道半俗之歌文。按當時流行此種警世悟道之詠歌讚，爲中國佛教史上周知之事實。關於念佛五聲，據志磐中僅言「何關於十念」一語，未有若何積極的說明。按十念，卽爲惡業之凡夫，臨終時因念十聲彌陀名號，亦能往生西方極樂，此爲念佛行者之套語。惟此說原出於觀無量壽經之下品下往生說中。是以志磐之所謂念佛五聲而不加以何等積極的說明者，可知其係指佛號念誦，由文字上推測，亦復如是。加之，其念佛爲彌陀之名號，乃受法智慈雲等法脈影響，復承念彌陀佛精進之北禪梵法主之面授，故茅子元之念佛五聲，原無足怪，彼既稱白蓮導師，不過藉念彌陀佛始祖晉慧遠之白蓮社而得名。志磐罵彼爲「妄託於祖（慧遠）」者亦在此。然則茅子元之佛念五聲，實卽「佛之念號五聲」之意，詳言之，卽主張「念誦阿彌陀佛之名號，五聲已足。」蓋所以排斥既成佛教念佛淨業團之主張十念往生之說，而主張五念往生者也。

〔註〕

㊀ 法智（卷八）慈雲（卷十一）神照（卷十二）神悟（卷十三）眞淨（卷十一）等人之略傳，均一一見於志磐之佛祖統紀中。前記名下括弧數字，卽同書之卷數。

㊁ 四土之簡單說明，在通常佛教辭典中亦能見及，惟隋天台智者大師觀無量壽經疏及宋四明知禮之觀無量壽義疏等爲其根本材料。若欲專門的說明四土，甚爲煩瑣，必須複雜的論據，本人無此能力，亦覺無此必要，故僅用通說釋明之。

㊂ 金剛經之四句偈歌，以姚秦鳩摩羅什譯出者最爲有名，其文如下：

一切有爲法如夢幻泡影，如露亦如電。
應作如是觀，若以色見我，以音聲求我。
是人行邪道，不能見如來。

此外如元魏之菩提流支或陳之眞諦三藏及唐之玄奘法師等所譯出者其文句稍有出入，若一一比較研究之，實饒興味。此在宋洪邁所著之容齋四筆（卷十三）中曾比較對照之，閱者可參看。

涅槃經（北涼曇無讖譯出）之四偈句歌，比之金剛經尤爲有名。其文如下：

諸行無常，是生滅法。生滅滅已，寂滅爲樂。

三、初期之白蓮教會尤其是元律中之白蓮會

白蓮菜自教祖茅子元遭遇法難後，繼起者爲小茅闍黎，努力復興工作，已如前述，惟關於此後白蓮教團之如何繼續活動，以缺乏史册可稽，無從判明。以意度之，白蓮教團雖遭官僚之彈壓與教敵之迫害，仍能秘密流行於江南各地，此事證之志磐所載如：「其餘黨效習至今爲盛」（統紀卷四十七）與「今摩尼尙扇於三山（福州），而白蓮白雲，處處有習之者」等，卽能瞭然。再就志磐對於白蓮菜始祖所唱道之四土圖，晨朝禮懺文，四句偈吟等之指摘，亦能充分察知當時南宋末期其教徒間之行動。南宋時代異端宗門之大者，當推摩尼教與白蓮，白雲等兩宗，惜二者皆乏史可稽，誠爲憾事。就中關於白蓮教會之史實，著者因淺陋寡聞，除發生初期記載外，通觀南宋一代之史册，殆少見及。因此，欲敍述當時白蓮教會活動之歷史事實上甚感困難。不得已，略過南宋而蒐集元代之記載。據宋史中零星記錄：

寶祐五年正月丙午，禁姦民作白衣會，監司，郡縣官等失覺察者坐罪。（理宗本紀）

景定二年二月癸卯，詔諸路監司，申嚴僞會賞罰之令。（理宗本紀）

咸淳九年五月丁卯，申禁奸民妄立經會，私剏庵舍，以避征徭，保伍容芘（與庇同義）不覺

察坐之。（度宗本紀）

上文各條所言白衣會僞會經會等名稱，自係指白蓮會，摩尼教，白雲宗等彌勒佛會而言。就中，如白衣會據夷堅志或佛祖統紀之記載：「喫菜事魔三山尤熾。爲首者冠紫寬衫。婦人黑冠白服，稱爲明教會」（佛祖統紀卷四十八）又如陸游之條對狀中言及喫菜事魔之徒，爲白衣烏帽之風等文句，可知白衣會通例指稱摩尼教徒也，惟查白衣會之風習，在唐初摩尼教未傳以前業已有之，並非限於此教也。按唐書太宗紀：

貞觀三年十二月乙未，禁白衣長髮會。

又唐大詔令玄宗開元三年十一月十七日之勅令：

比白衣長髮假託彌勒下生，因爲妖訛。

可知不獨限於摩尼教徒，除宋朝外，實通行於彌勒，白雲，白蓮等各教中。其他所謂僞會經會者，皆教匪之汎稱也。

白蓮菜迄至元朝，國家依然未認爲公開之宗門，不得如喇嘛教及其他多數之既成宗教，受國家權力保護與恩典，且屢爲官僚教敵所脅迫。蓋禁止白蓮菜之命令，在元朝世祖合併江南時已見及。據元英宗時所編纂之大元通制條格（卷二十八）記載，世祖江南統一之至元十八年，已頒禁止此種教會之命令。今提示其史料如下：

至元十八年三月，中書省御史臺呈江南行省咨。都昌縣賊首杜萬一等，指白蓮會爲名，作亂，照得江南見有白蓮會等名目五公符，推背圖，血盆及應合禁斷天文圖書一切左道亂世之術，擬合禁斷，送刑部，與祕書監一同議得，擬合照依聖旨禁斷，拘收，都省（中書省）准擬。

其在元典章（卷三十三禮部五）所載，大約亦同。據上文所言，當時都昌縣（今江西潯陽道都昌縣）民杜萬一等，藉白蓮教會之名，潛謀叛亂。利用煽惑之民衆爲其工具，如天文書或五運圖讖等類，概依此令嚴禁之。此外想當時猶有專禁白蓮教會之詔令，惟時至今日，已無此類殘存之記錄。然則此種禁止妖妄圖書之詔勅，未必即能使妖教絕根，蓋其後白蓮教會及其他類似之妖教禁令，難言其有極端之効力也。

是以世祖時代被禁止之白蓮教會，其後依然潛行存在，故至武宗，復申禁令。如元史武宗本紀

（卷二十二之）記載：

至大元年五月丙子，禁白蓮社，毀其祠宇，以其人還民籍。

此卽其明證之一。按此時禁令之詔勑登載於通制條格（卷二十九，）據此復能明瞭元朝白蓮道人（僧）之生活狀態以及其寺庵之形式故引其全文如下：

至大元年五月十八日，中書省奏，江西福建奉使宣撫並御史臺官人每俺根底（中書）與將文書來建寧路等處，有妻室孩兒的一枝兒白蓮道人名字的人，蓋着寺多聚着男子婦人，夜聚明散，佯修善事，扇惑人衆，作鬧行有，因着這般，別生事端去也。又他每都是有妻子的人，他每的身已不淸淨，與上位祝壽呵，怎生中，將這的每合革罷了麼道。與將文書來，有俺商量來，將應有的白蓮堂拆毀了。他每的塑畫的神像本處有的寺院裏，教放着，那道人每，發付之籍教各管（此處似脫落民字）官司，依舊收係當差，已後若不改的每根底，重要罪過，更其餘似這般聚着的，都教管民禁約。不嚴呵，教監察御史廉訪司，糾察呵。怎生麼道奏呵。聖旨那般者，欽此。

據此可知元大都之中書省依據江西福建等宣撫司或御史台報告，取得禁壓白蓮教之制旨，佈達於天下。讀者在此可知福建建寧路等處所行之白蓮教，擕有妻子，住於寺庵，崇拜塑畫之神像，至萬壽天寧諸節，亦爲皇帝，皇后，皇太后上位營祝壽佛事，❶常時招集許多男女，夜聚曉散，通宵勤修。並有違背鄉黨之良俗美風，擾害安寧秩序。就中值得吾人注意者，爲「他每的塑畫的神像」一語。按茅子元創立白蓮菜時，爲念彌陀佛之淨業團，即使有塑畫，亦僅爲佛像，決非神像。然至元代，已由佛像遞變爲神像，可知此時之白蓮教會，比之當時已複雜不純矣。

此時被禁之白蓮教，是以建寧路爲中心。元朝之建寧路，包括福建省西北大部份，大體與今之建安道相等。此地多山，形勢險要，其地在浙江之西南部，與江西之東北部，犬牙錯綜之山地，是以唐宋以來之各種邪教宗門恃此爲根據地，就中尤爲摩尼明尊教（喫菜事魔黨）之巢窟。白蓮教之所以據此僻陋險峻之地者，主因爲官憲迫害之故。至於世祖時代之都昌縣，即今之江西潯陽道潘陽湖東北岸一帶，在此可以推知元代白蓮教不獨行於福建，並傳播江西也。

元之白蓮教，遭受武宗二次禁壓後，仍不爲所屈，依然繼續潛行布教，不僅若此，且於元仁宗皇慶二年，教徒對官方熱心運動之結果，建寧路之白蓮教會經仁宗，降勑保護，承認其公然布教。更有興味者，爲當時高麗忠宣王，與此運動有關。此史蹟見元典章（卷三十三）白蓮教護持之制旨。此制旨不記發布年號，與皇帝名稱，初見之，其年代似不明瞭，惟仔細檢討其內容，當知爲元仁宗之皇慶二年所發布者。茲特引錄其全文如下：

長生天氣力裏，大福廕護助裏，皇帝聖旨裏，御史台官人每根底，宣慰司，廉訪司官人每根底，軍人每根底，城子裏達魯花赤官人每根底，和尚頭目每底根，衆百姓每根底，宣諭的聖旨，舍利堅八㊁哈失耶舍思班教奏：建寧路後山有的白蓮都掌教堂，在先，完澤篤皇帝與了聖旨來，瀋王益知禮布花，將引蕭覺貴，皇帝潛邸時分獻來，後頭不理會得佛法的，教門沮壞了有，他每合納的稅糧，依禮例與了，自己氣力鈔（抄？）化蓋來的佛堂，常川念經，與上位祈福祝壽做好事有麽道奏來，如今這佛堂，做報恩萬壽堂者，甲乙住持坐者，屬這報恩萬壽堂的，復一堂，清應堂各處田地裏，但有的，做好事蓮堂，管民達魯花赤官人每，提調，休教沮壞，合納的稅糧，依先體例裏，更（勾）當者，不揀甚麽差發休要者，不揀是誰，休占做下院，麽道，這都掌教性空普慧居士蕭覺貴根底執把聖旨與了也。但屬這的每蓮堂水土，人口，頭疋，園林，碾磨，店舍鋪席，解典庫，浴堂，船隻，不揀甚麽，他每的，休奪者，休倚氣力者。這般宣諭了呵，別了的人每，不怕那（勑諭）甚麽，（違勑）更這的每倚著這般（制旨）道來麽道，合納的稅糧不納，不干礙自己的田地（裏?）隱藏者，沒體例的勾當做呵，他每不怕那聖旨。牛兒年九月初二日大都（裏）有時分寫來。（括弧內者著者註）

考此制旨係牛兒年九月初二日發布，按詔制法令登載於元典章中者，概爲世祖至英宗之五代六十餘年間，惟查此詔勑中有「在先完澤篤皇帝與了聖旨來」云云，查完澤篤皇帝，爲成宗蒙古名之謚號，故此詔勑，當不出於成宗以後之武宗，仁宗，英宗，三帝之時。考此三帝之治世中，正當牛兒年（丑）者，祇有仁宗之皇慶二年（癸丑），詔勑中之牛兒年，蓋即指癸丑年。其次說明此詔勑之內容。

此詔勑之大意謂仁宗因舍利壂八哈失耶舍思班（以下簡稱舍利壂）之奏請，對於建寧路之白蓮堂及其附屬之一切寺領財產，命令護持，許其免稅復役，而詔中併敍白蓮堂蒙受恩典等事情。

據舍利堅之奏聞建寧路後山白蓮宗都掌教之報恩堂已因成宗之命在仁宗潛邸時代潘王益知禮布花介紹白蓮宗居士蕭覺貴上獻於朝廷，惜爲不明佛教者破壞。其後願以自力合納稅糧寄進，勸化再建佛堂，每日念經，爲帝室祈福祝壽。因舍利堅之上奏，仁宗頒發詔勅，大意言自今以後改稱白蓮佛堂㊂爲報恩萬壽堂，設置住持，且先由復一堂，淸應堂起，至於其他各地之營佛事的白蓮教堂，命令地方監察官極力保護，以防破壞。寺領之稅糧，按照先例與之。禁止官吏對白蓮堂命令差發，以及佔領其處以爲下院。凡該處之水土，奴婢，家畜，園林，碾磨，乃至浴堂，船隻等等，皆嚴禁掠奪與強要，以此旨授性空普慧及居士蕭覺貴，令其執宗，准許將合納稅糧不納於官，蓄藏於寺中。凡違反此制旨，不依體例而行徵稅者，則以違勅論罪。

按詔中白蓮僧之性空普慧及居士蕭覺貴，均不見其傳記。就中惟潘王益知禮布花，則載於元史與高麗史，即高麗第二十六代之君王忠宣王王璋(元史中稱王章)其元朝爵位爲瀋王，以高麗世子，入侍元廷，賜此爵位。其傳記載於元史（卷二〇八）新元史（卷二百四十九）之高麗傳與鄭麟趾之高麗史（卷三十二——卷三十三，忠宣王紀）中。綜合此等記戴，忠宣王爲弘安役當時高麗君主忠烈王（王昛）之嫡世子，母爲元世祖女齊國大長公主，忠宣王生於忠烈王元年。因係元世祖之皇外孫，故幼時卽出入於宮廷內廷知己頗多，並蒙世祖皇太子眞金之正妃闊闊眞，弘吉剌氏（裕聖太后）所鍾愛，賜名益知禮布花（蒙古名又稱益知禮普化）。其後稍長，由成宗大德二年（忠烈王二十四年）起，前後十餘年入侍元廷爲宿衞。成宗崩，與皇姪愛育黎拔力八達（仁宗）協力擁立武宗。因此有功，故封爲瀋王，並娶世祖嫡孫晉王（甘麻剌）之女薊國大長公主（寶答寶憐）爲妻，實爲當時元廷內外負有重望之權威者。後至武宗初年，因忠烈王死，回返高麗卽王位，惟在位僅五年，卽讓位於其子忠肅王，仍至元朝，迄留不歸。自號海印居士，構築萬卷堂於燕邸，蒐羅天下珍籍，與趙孟頫虞集等名士往來交遊，耽於詩文讀書之娛樂。王並篤信佛教，建造佛剎於各處，曾扈從壽元太后（順宗妃答巴弘吉剌氏）至五台山大普寧寺。又於仁宗末年，前後兩次遊歷江南佛剎，參拜普陀山與金山寺。英宗卽位時，受高麗人宦者伯顏禿古思之讒言，命歸本國，惟王顧望燕京不去，英宗怒命入道，流於吐蕃之撒思吉約三年，迨泰定帝卽位，始蒙大赦，仍歸燕京，翌年（泰定二年）歿於燕邸，享年五十有一。

其次再行檢討仁宗護持白蓮敎之詔勅內容，據云完澤篤皇帝（成宗）勅令瀋王益知禮布花（卽高麗忠宣王），引召白蓮教居士蕭覺貴來朝，上獻建寧路後山之白蓮堂（恐包括其寺領）究有何意味耶？蕭覺貴見於此詔勅之後半者，爲與白蓮堂都掌教性空普慧同受皇帝所頒護持蓮堂詔勅者也。蓋成宗時，經瀋王益知禮布花之手，上獻蓮堂於朝廷，自是白蓮堂卽改爲官寺，一方復得免稅除役之特權，並荷保護宗門之恩典。對於官方之運動，主由蕭覺貴担任奔走。其與瀋王益智禮布花之關係雖不明，惟當時瀋王爲元世祖之外孫，實負元朝宮廷之重望，且爲佛教之篤信者，因此，蕭覺貴依附夤緣此權力而完成其目的。據高麗史忠肅王紀（卷三十五）忠宣王爲當時瀋王，其封地有遼陽懿州多數之采邑田宅，且在江南亦有一采地，蕭某或卽因采地關係而依附瀋王益知禮布花者，亦未可知。總之，元朝稅役免除之特權，須由皇帝璽書確認之（寺觀等多由此種形式。名曰㊄護持璽書，衞法璽書。所謂執把者，均屬此種。）或則冒稱其佃戶之名義，寄託依附於具有特權之皇后，皇太后，公主，諸王，駙馬，及其他權貴之莊園，與采邑之下。白蓮教居士蕭覺貴，夤緣瀋王益知禮布花，上獻蓮堂，改爲官寺，其目的在取得朝廷頒發之護持璽書，寺剎之取得此種特權，不僅能得免稅除役之恩典，且可避免權貴佔奪寺領寺產。蓋宋朝以來流行之弊風，宰相高官等置立先祖冢墓與祠廟，常冒稱功德院名義（菩提寺），實行強佔寺宇。蕭覺貴承益知禮布花之介紹，在成宗時，上獻白蓮堂，是否取得特權，不得而知。惟按前記仁宗之詔勅觀：「後頭不理會得佛法的教門沮壞了有」等語，恐係指武宗至大元年之白蓮教毀拆之事實而言。查當時毀拆，以建寧路爲中心，若蕭覺貴等之蓮堂亦罹此災厄，則可知成宗時代得政府之保護也。

觀仁宗詔勅中有：「自己氣力鈔化蓋來的佛堂」等語，蕭覺貴於毀拆後仍不爲所屈，更建蓮堂，藉爲帝室祈福祝壽之名，依然從事復興宗門之運動。此種復興計畫，假令至仁宗皇慶二年完成，則其背景大約爲瀋王益知禮布花等有力的元朝貴顯之周旋。前已言之，高麗忠宣王益知禮布花，以有擁立武宗之功勞，故於至大元年封爲開府儀同三司，太子太傅，上柱國駙馬都尉，瀋王，入中書省，參議國家大政。尤甚者爲武宗至仁宗之世，寄托於皇帝生母壽元太后及其嬖婢黑驢之母亦烈失八，倭臣失羅門紐隣等，盡其專橫之能事，動輒不經中書省，濫發懿旨，玩弄權勢，以賣私恩，大約蕭覺貴之復興白蓮堂與護持詔勅等，皆經此輩之手而頒發者。

白蓮教在仁宗時雖一時公認其布教自由，然不久在英宗時，復發禁令。據元史（卷二十八）英宗本紀載：

至治二年，閏五月癸卯，禁白蓮佛事。

查此禁令未載入元典章通制條格中，故其程度如何，無從探知，惟就此英宗本紀之文觀之，恐爲白蓮教會一般的禁止，不問其爲建寧路之蕭覺貴蓮堂與其佛事，概入禁止之列。據元史所載，英宗乃年少氣銳之君主，熱心改革種弊，當卽位時，業已驅除宮廷之惡勢力，並抑壓僧道而加淘汰。此際適逢陝西盩厔之沙門圓明與郃陽道士劉志先等，妄惑叛亂，因此對禁止教會更爲嚴厲，結果白蓮教亦同罹此悲運而被禁壓。

至是白蓮教在元英宗時止，遭受前後三次禁壓，遂促成元末之大叛亂。此事姑待他日另稿，就正於閱者。

〔註〕

㊀ 祝壽者於天子生日，法師高座，祈祝聖壽無疆之法會也。據宋羅大經鶴林玉露（卷九）記載：「今世聖節，令僧法座

而視聖齋，而郡守以下，環坐而聽，殊無義理。」可知此爲宋朝以來每年盛行例事之一種。

㊁ 舍利堅八哈失似爲當時之宣政院使，其奏狀爲教奏。惟此並非解作「教之奏」，乃出於宣政院使等吏牘中所用之，教想與中書省之「杳靖」等同一筆法。其次「八哈失」三字，據恩師白鳥博士言，可書作八合史（輟耕錄）八哈思（高麗史）把黑失（譯語）等，率皆土爾其語 bagsi 之譯音。適當於梵語之 Pundit(Pandit)與西藏語之 blama 等字，在漢語中即師傅，帝師，之意義。果若此，則舍利堅八哈失耶舍思班一名，即爲舍利堅大師（或曰法師）耶舍思班，上爲法號，下爲其諱，恰與天台大師智顗或慈雲大師遵式等名相當。（參照東洋學報所載白鳥博士之高麗史中所見的蒙古語之解釋一文。）

㊂ 此堂所以名爲報恩萬壽堂者，恐出於當時仁宗紀念其生母壽元太后之意義。他若成宗建天壽萬寧寺於大都與武宗之崇恩福元寺等，皆所以紀念其生母者。

㊃ 參照白鳥博士前記論文，瀋王益知禮布花一名，爲 izir buxa 之發音，其意義即「灰色之牛」。著者對此不敢言其當否。惟據高麗史所載，忠烈王四年，王與齊國大長公主攜抱幼兒王璋，一同入朝時，頗蒙皇太子眞金之正妃闊闊眞之寵愛，此名即係該時所賜，意度之，此名當爲蒙古人中之美稱也。

㊄ 爲永續護持璽書之效用，常用石刻，建立於寺觀之境內。其例如清方履錢之金石萃編補正卷三所載：「元天寶宮聖旨碑」或「元洞林寺藏經記碑陰」等均是。

附錄一

北宋漕運法

青山定男

序說

漕運爲國家的統制，將公有財物中主要稅收之米粟錢絹，由水路輸送之謂。至其輸送方向，則以由各地往京師爲主。

北宋時代以首都汴京爲中心之漕運，計有四河，㊀即黃河，廣濟河，惠民河，汴河是。至各河輸送途徑，黃河爲河北，河東，陝西三路，即今之河北，山西，陝西各省。廣濟河爲京東，即今之山東，及河南開封之東部。惠民河爲京西卽今之河南開封西部。汴河爲淮南，荊湖，四川之南部，卽今之江蘇，安徽兩省揚子江以北及湖北四川等省。其中黄河，廣濟河，惠民河之漕運，欲將各地物資，一直運北勢所不能；至汴河之漕運，因地域廣闊豐饒，故與中央財政，關係綦切，乃得大規模運行之。

下述者爲汴河之南方漕運，其在北宋漕運上佔重要位置，茲由其歷史與豐富之米粟方面言之。南部米粟之漕運，盛行於主產地域之淮南，兩浙，江南東西，荊湖南北等六路，至四川，廣東，廣西，福建等處，以距離與產額之關係，多用錢絹等物代納。又漕米定額在太宗太平興國六年爲四百萬石，㈡眞宗景德四年增至六百萬石，㈢由仁宗天聖五年至八年，改定爲五百五十萬石，㈣其後卽以景德四年所定之六百萬石爲定額，至其實際所收漕米額，與上述定額數目，亦無多大差異。㈤關於漕運方法，分轉般與直達兩種。轉般方法爲設立倉庫於地方與京師之間，先將各地漕米納入，另用船隻運往京師。直達方法，則不經中間倉庫之轉折，直運京師。轉般法，自北宋建國以來迄至徽宗之崇寧，幾爲歷久採行之方法。直達法，由仁宗至神宗時始發其端，崇寧以後遂改行此法。

以下以漕運法爲中心論題，由轉般法之內容進而究明宋代使行此法之事實，並檢討不得不代以直達法之理由，最後，就兩法之長短評論之。

〔註〕

㈠ 參看宋史卷一七五，食貨志上三漕運。

㈡ 參看宋會要食貨四六，水運。

㈢ 參看宋史卷一七五，食貨志上三漕運。

㈣ 參看宋會要食貨四六，水運。又續資治通鑑長編卷一〇七，天聖七年正月壬寅等記載。（以下簡稱長編）

㈤ 北宋漕米定額，據會要，長編，宋史等書之記載，如下：

時期	品目	漕米額	所載書籍名稱
開寶五年	稻米	數十萬石	會要食貨四六水運
開寶九年	米	百餘石萬	長編卷一七開寶九年九月末
太平興國二年	米	數百萬石	長編卷一八太平興國二年七月
太平興國六年	米	三百萬石歲百萬石	宋史卷一七五食貨上三漕運
太平興國八年	熟米	四百萬碩	會要食貨四二宋漕運
端拱二年		五百萬斛	長編卷三〇端拱二年四月

淳化四年		六百萬（石）	長編卷三四淳化四年十二月
至道元年	米	五百八十萬石	長編卷三八至道元年九月
咸平二年		五百六十萬碩	長編卷四六咸平二年三月
景德中		四百五十萬（石）	會要食貨四二宋漕運
大中祥符二年		七百萬（石）	長編卷七一大中祥符二年四月
大中祥符三年	米	六百七十九萬石	長編卷七四大中祥符三年九月
天禧二年		六七百萬石	會要食貨四二宋漕運
天禧中		八百萬石	歐陽文忠公文集卷二六簡肅薛（奎）公墓誌銘
天禧五年	米	六百餘萬石	長編卷九七天禧五年十月
天聖元年	米	七百七十萬石	長編卷一〇一天聖元年閏九月
天聖中		六百五十萬石	宋史卷一七五食貨上三漕運
天聖五年		六百餘萬石	會要食貨四二宋漕運
天聖六年左右		五百五十萬石內外	會要食貨四六水運
明道中	米	六百萬石	長編卷一一二明道二年七月

寶元中		六百餘萬石	宋史卷一七九食貨下一會計
治平二年	粟	五百七十五萬五千石	宋史卷一七五食貨上三漕運
熙寧三年	米	六百二十萬石	長編卷二一一熙寧三年五月
熙寧四五年左右	米	四百萬石上下	長編卷二一四熙寧三年八月
元豐六年	穀	六百二十萬石	長編卷三三六元豐六年閏六年
元祐六年		四百五十餘萬石	長編卷四六五元祐七年七月

一、轉般法

（甲）轉般方法與轉般地點

轉般法爲北宋一代歷久採行之漕運方法，由開國至崇寧，迄採此法。惟當時南方淮南，兩浙，江南東西，荊湖南北等六路之中，僅淮南一路，在其水運要衝之泗州（即今之安徽省（淮泗道）泗縣東南二百二十里淮河北岸）楚州（即今之江蘇省（淮揚道）淮安縣）兩地各設立倉庫一所，以供轉般。據長編卷一三，開寶五年七月之記載：

……（陳）從臣對曰：從臣嘗遊楚泗間，見糧運停阻之由，良以舟人日食，旋於所歷州縣勘給，固多凝滯。若自起發，卽計日併支，往復皆然，可以責其程限。又楚泗間運米入船，至京師蠶米入倉，宜各宿備運卒，皆令卽時出納，如此每運可減數十日。楚泗至京千里，舊定八十日一運，一歲三運，今若去淹留之虛日，則歲可增一運矣。

觀上文，可知當時竭力進行統一事業。自太宗之太平興國三年，降服吳越錢氏後，遂得領有南方六路，使南方豐饒之米粟，輸送京師。據宋史卷一七五，食貨上三漕運文中記載：

大中祥符初，至七百萬石。江南淮南兩浙荆湖路租糴，於眞揚楚泗州置倉受納，分調舟船泝流入汴，以達京師。

觀上文記載，可知眞揚兩州（眞州卽今之江蘇省（淮揚道）儀徵縣。揚州卽今同省之江都縣。）亦新設轉般倉庫，連前泗楚二州，合計爲四轉般倉地。㊅

此時眞州是受納江南荆湖之租糴而轉般者，揚州是受納兩浙之租糴而轉般者，參看下列二項記載，便足證明。據長編三〇七，元豐三年八月丁己文中：

權發遣使農寺都丞吳雍言：淮浙連歲豐稔，昨嘗乞存留揚州轉般倉，充淮浙常平都倉，欲乞委提舉司辟官一員，專管勾，每年廣謀收糴，餘年計外，常積萬石。及受納兩浙轉般糧斛，與發運司上供額斛斗兌換。從之。

揚州轉般倉，受納兩浙米粟再行傳遞。據宋史卷一七五食貨上三漕運文中記載：

政和二年……淮南路轉運判官向子諲奏：轉般之法，寓平糴之意。江湖有米，可糴於眞。兩浙有米，可糴於揚。宿亳有麥，可糴於泗。坐視六路豐歉。

觀上文記載，可知各倉受糴地點。眞州爲江湖（江南東西，荊湖南北，四路之略稱）之米，揚州爲兩浙之米，泗州爲宿亳之麥。依和糴而受納之米粟，與租米一同上供京師，其與轉般法之密切關係，容待後述。關於楚州情形，未見史乘記載，眞揚二州，則爲江湖兩浙之米，泗州則用宿亳兩地之麥，蓋泗州所收爲以宿亳爲中心之淮南西路，楚州所收，則爲其所在地之淮南東路也。

由四地之轉般倉運往京師，轉恃汴河，已如上述；惟汴河舟船之能航時期僅五月至十月。[七]以航期短促，故非盡力速運不可。是以淮南租糴，統歸楚泗二州受納，據會要食貨四二宋漕運文中記載；

天聖五年八月，江淮發運司言：管押汴河糧綱殿侍軍大將淮四百料至五百料綱船，自今楚州般得四運，斛㪷及三萬六千石已上，泗州般得五運，斛㪷及四萬二千石已上，到京師卸納了足，及經冬短般至年終無拋失欠少，即依條酬獎。

雖分調舟船直運京師，然較，楚泗二州遙遠。即在巨額米粟吞吐之眞揚二州，除直送京師外，(八)常於楚泗二州轉般上供較爲適宜。據會要食貨四七水運中記載：

元豐三年六月二十七日，詔眞楚泗州各造淺底船百艘，團爲十綱，入汴行運。

觀上項記載，可知收納巨額米粟之眞州僅與楚泗二州所造之淺底船數同等。又據會要食貨四三宋漕運文中記載：

宣和八年三月十二日，臣僚言：東南諸路斛㪷自江湖起綱，至於淮甸以及眞揚楚泗，建置轉般倉七所，聚蓄糧儲。復自楚泗置汴綱般運上京。崇寧三年因臣僚建言，直達京師，致多拋失，遞來召募士人管押，欺弊百端，伏望先將士人，選使臣等抵替，委發運司計置。

試觀上項記載，更足證明矣。

〔註〕

㊅ 考察眞揚二州決定爲轉般倉地之時期，據會要食貨四二宋漕運之記載：

太平興國九年十月，鹽鐵使王明言江南諸州載米至建安軍，以回船般鹽至逐州出賣。

上文中之建安軍，爲大中祥符六年以前眞州之舊名。江南各路，歸入宋朝版圖，爲太平興國三年之事，可知眞州轉般倉地係三年以後九年以前所設定者。依著者推測爲太平興國三年後不久之事。至於揚州轉般倉地之設定，亦與眞州情形相類，大約是兩浙平定後開寶八年間之事。但據會要食貨四六，水運中之記載：

凡水運，自江淮，南劍，兩浙，荆湖南北路漕運，每歲租糴至眞揚楚泗州，置轉般倉受納、分調舟船，計綱泝流入汴至京師。

觀上文，似宋初以來卽依四州轉般法，惟此文僅述漕運之大略，難窺全豹。又據宋史卷一七五倉貨志上三漕運文中，記載大中祥符初之漕米額，其末有與此彷彿之記事，但一經詳細檢討，可知所有年號係指漕米而言，與漕法本身絕無關係。關於眞楚二州轉般倉之位置，據南宋王象之輿地紀勝卷三八眞州文中：『轉般倉舊在寧江門外，屬發運使，今廢』。又卷三九楚州文中：『轉般倉在神運河西岸，唐漕江淮等道于此轉送關陝，北有神堰』。

㊆ 參考東方學報東京第二冊拙著唐宋汴河考。

㊇ 據宋史卷二九九李溥傳：

溥時已爲發運副使，……而諸路猶有餘畜，高郵軍新開湖，水散漫多風濤，溥令漕舟東下者，還過泗州，因載石輸湖中，積爲長隄，自是舟行無患。

上文中之高郵軍，即今之江蘇省（淮揚道）高郵縣。可知京師至眞揚二州，水路必經泗，楚，高郵。文中之漕舟爲眞揚二州直送京師之回船。

（乙）運輸回數與時期

查考轉般法之運輸回數與其時期，江路（南方六路與轉般倉地之間）與汴綱，（轉般倉地與京師之間）互異。蓋江路爲漕運之起點，中有府州軍治等，⑨因各地輸送距離而生差異，回數與時期故亦大有不同。據欒城集卷三七，論發運司以糴米代諸上供狀云：

……頃者發運司以錢一百萬貫爲糶糴之本，每歲於淮南側近趁賤糴米，而諸路轉運司上供米至發運司者，歲分三限，第一限自十二月至二月，第二限自二月至五月，第三限自六月至八月。違限不至，則發運司以所糴米代之。

文中「自二月至五月」一語，參酌其前後情形，恐係「自三月至五月」之誤。可知各路漕運時期，概分三限。但此三限，因遠近距離而有不同，據會要食貨四九，轉運文中記述如下：

紹聖三年二月，詔六路轉運司，歲應輸米限內，有故未備輸者，次限補，至末限足。又有故，發運司覈實保明，申尙書省卽無故發運司申戶部，下旁路提刑司取勘，六路三限，皆卸貯。淮南路第一限十二月，第二限二月，第三限四月。江東路正月四月六月。兩浙路四月六月八月。江西荆湖南北路二月五月八月十二月。

觀此可知三限是依各地距離遠近而有不同。至於運輸回數，以淮南爲多，荆湖南北爲少。據沈括夢溪筆談卷一二官政二中記各路每歲漕額多寡如次：

發運司歲供京師米以六百萬石爲額，淮南一百三十萬石，江南東路九十九萬一千一百石，江南西路一百二十萬八千九百石，荆湖南路六十五萬石，荆湖北路三十五萬石，兩浙路一百五十萬石，通餘羨歲入六百二十萬石。

觀上文，可以窺知各路每歲漕額之多寡。

又汴綱利用汴河能航之半歲中，依限速運。而其運輸時期，自亦不得超過能航時期外。至運輸回數，當以時期中得往返者，具體言之，大約由楚州者爲四運，由泗州者爲五運。⑩

〔註〕

⑨欲知漕運之起源，以先明瞭納稅法為其前提條件。關於宋朝之納稅方法，據長編卷六二景德三年癸巳之記載：

先是河東民常賦及和市芻粮，並輸府州，而涉河阻山，頗為勞苦。尋詔徙一河東保德軍，其營在府州者，聽量留之，而芻粟之資，並給於保德軍，條約以來公私為便。

又據同書卷一〇二天聖二年九月庚寅之記載：

上封者言，河中府同華州歲比旱災，民多流徙，請免支移稅賦，上因謂輔臣曰：百姓輸租，便於本州，奈何轉於他郡耶？對曰：西鄙屯兵，若不移支民賦，即為擾益甚。特詔轉運司量減其數。

又涑水紀聞卷七中所記：

王欽若為亳州判官，監會亭倉，天久雨，倉司以穀溼，不為受納，民自遠方來輸租者，倉穀且盡，不能得輸。欽若悉命輸之倉，奏請不拘年次，先支溼穀，不至朽敗。奏至，太宗大喜，手詔答許之。

觀上文可知人民至各該府州軍治處納稅，為其根本原則，其輸送事務，自身不為，概歸人民負擔。人民納稅，備極勞苦。由此可知府州軍治之納稅方法。其時南方六路，多受水運之天惠，漕運起源最初恐係發生於此等府州軍治之區，至水運不便之處，祇得陸運，待至一定地點，能以水運時，再由水運，此固毋容贅述。

⑩參考會要食貨四二，宋漕運，天聖五年八月之記載。

二、轉般法採用之理由

採用轉般法之理由，一言蔽之，爲迎合當時經濟事情上之種種特質。自唐朝施行轉般法，已不十分完全，不過爲適合汴河之水運與和糴代發之必要及便於鹽之官般官賣等而已。上述三項程度雖有不同，要皆爲採用該法之重要原因，就中尤以後二者爲最。關於唐朝之轉般法，另文紀述。茲先述北宋時代之上述三原因。

（甲）汴河之水運

宋朝南北連絡之水路，計有汴河，淮河，山陽瀆，江南河等四河，其中汴河以黃河之減水，由十一月至翌年四月，杜絕航行。轉般法卽所以補足此種不便者。其法以南方之財貨先貯藏近於汴河之楚泗，轉般倉中，俟其河通，再運京師。江路之漕運，可免此種杜絕航行之限制，汴綱則無法避免，惟屆航路開通後得最有效的利用，其輸送量亦大，如前述輸送巨額米粟時，勢非採用轉般法不可。

（乙）和糴代發

和糴簡稱糴，係官爲民謀而購買米粟之意。惟原爲強制的，就事實論，不若謂爲高壓的徵發。②北宋時代，依此方法之上供米，據長編卷四〇，至道二年六月壬辰所載，卽知其額數如何之多：

乙未（任中正）授江南轉運使……至部（江南）歲大稔，賦租平糴皆有羨盈，發運使王子輿欲悉調餉京師，

又范文正公文集奏議中；

六曰……今國家不務農桑，粟帛常貴，江南諸路，歲糴米二百萬石，其所糴之價，與輦運之費，每歲共用錢三百餘萬貫文。

又長編卷一一二明道二年七月癸未文中記范仲淹上奏有下述一段：

其三曰天之生物有時，而國家之用無度，天下安得不困。江南諸路，歲以饋糧，於租稅之外，復又入糴。兩浙一路七十萬石，以東南諸路計之，不下三二百萬石。故雖豐年，穀價亦高，官已傷財，民且乏食。

觀上項各記載，可以窺知當時情況。然糴米原爲補上供租米之不足。與漕運法有密切之關係。北宋時代，運輸巨額米粟，且欲每歲額數相彷彿，自感困難。距離京師數千里之各地漕運，難免澁遲；復因凶豐關係，上供米粟，時有增減。欲期每歲漕米，按照定額，繼續不缺，自非有特種設備不可。具體

言之，卽於特定地方糴米，貯入轉般倉，遇不足時卽行代發。至當時實際採用此法之情況，如許(元)公墓誌銘中所載：⑬

……先是，江淮歲漕京師者，常六百萬石。其後十餘歲，歲益不充。至公爲之，歲必六百萬，而常餘百萬，以備非常。方其去職，有勸公進爲羡餘者，公曰：吾豈聚歛者哉，敢用此以希寵。

文中之百萬石，蓋卽儲以代發者。但實行此方法，須以採用轉般法爲前提。

〔註〕

⑫ 參考長編卷一〇〇，天聖元年正月壬午文中所載。又宋史卷三〇〇俞獻卿傳。歐陽文忠公文集卷一一六乞減逃戶和糴劄子。岳珂之愧郯錄卷一五。

⑬ 參考歐陽文忠公文集卷三三。

（丙）鹽之官般官賣法

鹽之運輸法，當時供給南方六路者，俱屬淮南之海鹽，一名淮南鹽，或曰東南末鹽，產於通，泰，楚，海，漣水⑭之四州一軍。建國以來，卽採官般官賣法。其法以通，泰，楚三州之鹽，運入眞州鹽倉，然後以之供給兩浙，江南東西，荊湖南北等五路；以海，漣水之一州一軍之鹽，運於漣水軍再行分給淮南及兩浙之一部至向各路之運般，俱利用漕運之回船。⑭北宋時代，以鹽之專賣獲利頗厚，實為中央主要財源。政府欲壟斷其利益，故有採用官般官賣法之必要。但就運輸言頗為合算，由產地之淮南遠運至荊湖，江南，利用空船往返載貨，使舟航圓滑，復獲重利，實一舉兩得。

蓋轉般法之利用漕運空船，一方易達般鹽之目的，一方復能促成漕運之順調，由此可知實行鹽之專賣，採用轉般法，甚為合理。

〔註〕

⑬ 通州即今之江蘇省（淮揚道）南通縣。泰州即泰縣。海州即今之江蘇省（徐海道）東海縣。漣水軍即江蘇省（淮揚道之）漣水縣。

⑭ 參看宋史卷一八二，食貨志下四鹽中所記。又玉海卷一八二，食貨志鹽鐵。

三、轉般法廢止之遠因

關於轉般法之內容及其採用之理由，已如上述。惟此法由仁宗末期至神宗初年，改行汴綱，出江，傭雇客船，遂漸發生原有漕船之一部得直達京師之事實。以上項攷察為前提，再論舟人之變化與漕船之不足。

查考當時舟人與漕船，汴綱與江路，其間原存嚴格之區別。蓋汴綱爲使臣，軍大將等武官武吏驅使役兵而充當運輸者；(十六)江路爲衙前差役(十七)（由縣鄉一等戶民，即物力有資者中選拔）召募熟練人民以爲船頭水夫，復用兵士挽舟或當警護之責。(十八)及至仁宗時，汴綱役兵代以募人，(十九)而江路則已由太宗時逐漸用使臣，軍大將等武官武吏所使役之廂軍(廿)充之，(廿一)迨神宗之熙寧以後，其役法改採募役，全用武官武吏以代衙前。(廿二)

其役兵乃隸屬各司，(廿三)從事牧畜，運輸，管庫等事，而與禁軍，廂軍同具軍籍，支領定額俸祿者，至於募人，僅勞動時期可得工資。故汴河半歲中之運輸阻絕，在役兵爲利益，在募人則感生活之威脅，促使彼等爲漕船之盜販及其他不正行爲，而政府亦感終年運輸之必要。(廿四)

再就衙前論，原由縣鄉有資者中選拔差遣，遇有漕米短欠，負賠償責任，(廿五)是以不致釀成弊竇，而武官武吏雖有通曉斯道之役人，規定賞罰辦法，然欲廣泛求其管理上徹底，實非易事。關於江路漕運之事故，如宋史卷一七五，食貨上三漕運文中記：

治平四年京師秔米支五歲餘，是時漕運吏卒上下共爲侵盜貿易，甚則託風水沉沒以滅迹。

官物陷拆，歲不減二十萬斛。

觀上文可知當時漕運吏卒之取巧狀態，隱瞞上司而行侵盜，卒致漕運澀滯。

至於所用漕船，以官船爲主，其建造額數，據宋史卷一七五食貨上三漕運文中之記載：

諸州歲造運船，至道末三千二百二十七艘，天禧末，減四百二十一。

可知眞宗末造船額已減少。上文額數，自非全國之統計，但與後述汴綱出江之記載合併考察，則最少南方六路漕船，在眞宗以後，亦出漸減之途，及至仁宗英宗時，遂大感漕船不足之苦。因汴綱舟人受生活威脅及漕吏侵盜與舟船不足等關係，漕運致生澁滯，馴至汴綱於汴河不通航時之冬令，採行出航江路一法，復爲漕運圓滑起見，依照薛向之建議，雇傭當時漸發達之商船，結果，遂生直達方法。關於此事顚末，據宋會要四二，宋漕運文中記載：

治平三年九月，詔淮南江浙荆湖制置發運司，若江東西年額斛㪷不足，則許出汴河糧船七十綱以漕。初許元言：江東西湖南三路，往時皆轉運司以本路綱漕……汴綱止漕三州轉般倉物上供，冬則放漕卒歸營，至春乃復集。近歲諸路因循，（糧）綱多壞，乃令汴綱至冬出江，爲諸路轉漕，漕卒不得歸息，良困苦。乞詔諸路，增修粮船，載年額，至眞楚泗州卸，如故事。於是言利者，亦多以元所言爲是，朝廷爲詔諸路如元奏，詔出久之，而諸路綱尙不集，嘉祐三年十一月，乃勅諸路限至五年，汴綱不得復出江。比及五年，而諸路船終少，發運司又屢奏，乞令汴綱出漕，五執政以中旨詆絕之，諸路既患船不給，而汴綱以出江爲利，既不得出，……執政初但欲漕卒得歸息而……詔汴綱出漕，然尙限其數，其後復許以皆出，如故矣。

汴綱出江之事實，如上所述。又據長編卷一八八，嘉祐三年十一月文中所載，約與上述相類，惟更有下記數語：

……汴船不涉江路，無風波沉溺之患，其後……有不能檢察，則吏胥可以用意於其間，操舟者賕諸吏，輒得詣富饒郡，市賤貿貴，以移京師。自是江汴之舟，合雜混轉，而無辨矣。挽舟卒，有終身不還其家，而老死河路者，籍多空名。……

觀上文，可知當時一部分之漕運已採用直達法。又據宋史卷一七五，食貨志上三，漕運一文中熙寧二年，薛向爲江淮等路發運使，始募客舟，與官舟分運，互相檢察，舊弊乃去。歲漕常數既足募商舟運至京師者，又二十六萬餘石。而未已，請充明年歲計之數。

上文中詳紀商舟雇募之事實與其一部之採用直達法。文中所謂客舟，卽商舟之意。此時汴綱之出航江路，與江船情況恰恰相反，由轉般倉地積鹽而至各路，然後用其回船積載米粟。就運輸法論，其轉般理由已消失一半。惟當時僅於汴河不通航之冬季行之，通常仍採轉般法。至直達法之施行，不過既已出江者或於汴河通航時偶一爲之。而與此情形相反之商船，一方輸送官米，同時附載自已貨物，以販賣於京師或他地爲其主要目的。根據此項商舟直達之理由與事實之推移，採用此法者益多。卒致利用商舟爲漕運，盛極一時；在北宋末葉，幾有壓倒官運之勢。亦卽當時商業漸形發達與商人活躍之左證也。前述二者，遂成轉般法全廢之導因。

〔註〕

⑮ 參看會要食貨四六水運雍熙二年十月。又長編卷八七，大中祥符九年五月李溥上言與長編卷三〇〇，元豐二年冬十月壬戌等記載。

⑯ 參看會要食貨四二，宋漕運，嘉祐三年十一月詔。

⑰ 參看嘉定赤城志卷一七，吏役門州役人。長編卷二四，太平興國八年九月丙寅，會要食貨四二，宋漕運，太平興國八年

九月十三日詔。又同九年十月王明言。

(十八) 參照(十七)註會要食貨太平興國八年九月十三日詔。

(十九) 參照會要食貨四二，宋漕運，嘉祐三年十一月。

(廿) 參照會要食貨四二，宋漕運，大中祥符八年五月詔。

(廿一) 參照會要食貨四二，宋漕運，太平興國九年十月王明言。

(廿二) 參照續資治通鑑長編紀事本末卷七〇，役法，熙寧五年正甲辰詔。

(廿三) 據景文宋公集卷九六，慶曆兵錄序中：

宋興，剗五姓餘亂，一天下之權……凡軍有四，一曰禁兵，殿前馬步三司隸焉，卒之銳而剽者充。二曰廂兵，諸州隸焉，卒之力而悍者募之。天下已定，不甚持兵，唯邊蠻夷者時時與禁兵參屯，故專於服勞，閒亦戍更。三曰役兵，羣有司隸焉，人之游而惰者入之，若牧置，若漕輓，若管庫，若工技，業壹事專，故處而無更。四曰民兵，農之健而材者籍之，視鄉縣大小而為之數。

又在山堂考索續集卷四四，王鎧兵序中，亦與上項記載彷彿。

(廿四) 參照會要食貨四二，宋漕運，治平三年十一月詔。

(廿五) 參照長編卷三六五，元祐元年二月司馬光言。

四、轉般法廢止之近因

（甲）和糴本錢之消失

由仁宗時代起江路漕運時生澁滯，其情已如前述。至其對策之一，如玉海卷一八二，建隆發運使文中：

自仁宗朝至崇寧，初發運司常有六百餘萬石米百餘萬緡之蓄，眞泗二倉常有數千石之儲，自胡師文以糴本爲羨餘[26]。……

又據蘇轍之欒城集卷三七，論發運司以糶糴米代諸路上供狀中所載：

……頃者發運司，以錢一百萬貫爲糶糴之本，每歲於淮南側近趁賤糴米，而諸路轉運司上供米至發運司者，歲分三限，第一限自十二月至二……違限不至，則發運司以所糴米代之。而取直於轉運司，幾倍本路實價，轉運司米雖至而出限一日，輒不得充數。

觀上文可知發運司在其駐在地附近計賤糴米，藉充各路漕米之代發。一方復以同額之賤貨，換算高價，而爲其唯一之追徵方法。

此法與前第二章所述之糴米上供，全爲另一事件，後者爲各路轉運司糴米後，與租米同行上供者。關於此事可以發運轉運兩司說明之。發運司者，直屬三司（與今之財政部相似，）除長官發運使外，下設副使與判官，駐於淮南轉般倉地之眞泗二州，直接管理汴綱，同時，在江路中，亦爲轉運司之上司，而總管一切者。至轉運司，乃爲各路之長官，各掌一路之漕運者。

觀前記蘇轍上奏文中所言，似有若干誇張之嫌疑。設若糴米本錢爲百萬緡，以當時米價換算之，一斗五十文，㉗足糴二百萬石，一歲之上供額爲六百萬石，竟佔三分之一之巨額，即不至全部利用，亦能窺知其大概。且其後對於糴米本錢，除各路追徵錢外，更有特賜一款，㉘與日俱增，及至徽宗之崇寧年間，其額數已達數百萬緡矣。㉙若當時實情如此，依照結論中批評兩法之理由，發運司手中糴米本錢消失，勢難補充代發，致失轉般法採用之有力根據。既乏積極的可據之意義，而轉般所需之費用與勞力，均歸浪費，且輒生盜耗與損失，遂感不如採行直達法爲便。據宋史卷一七五食貨上三漕運文中之記載如下：

崇寧初，蔡京爲相，始求羨財，以供侈用費。所親胡師文爲發運使，以糴本數百萬緡充貢，入爲戶部侍郎。來者效尤，時有進獻，而本錢竭矣。本錢既竭，不能增糴，而儲積空矣。儲積既空，無可，代發而轉般之法壞矣。

上文以胡師文糴米本錢貢納之理由俱歸蔡京之貪婪，可謂知其一而不知其二。又文中對於直達法代替轉般法之積極理由皆未言及，甚爲憾事。惟以糴米本錢既已消失，實施轉般法之意義自亦隨之消失，此吾人具有同感者。食貨志中自右述之記載後，即紀崇寧三年實施直達法，恰當胡師文糴米本錢貢納之時，由此可知決非偶然者。

〔註〕

(廿六) 文中數千石一語有誤，據歐陽文忠公文集卷三三，許（元）公墓誌銘中之記載，爲倉儲數百萬石，即就發運司之糴米本錢百萬緡計算亦達二百萬石。可知數千石一語係數百萬石之誤。

(廿七) 參照加藤博士所著唐宋時代金銀之研究，第七章唐宋時代金銀價格文中米價之記載。

(廿八) 參照長編卷三〇〇元豐二年九月辛卯之記載。

(廿九) 參照宋史卷一七五食貨上三漕運，又宋史卷三五六張根傳。

（乙）鹽之通商法

因糴米本錢之消失而廢止轉般法，直接受其影響者，爲鹽法之變更。北宋時代採用鹽之官般官賣法，爲實施轉般法之重要因子，其理由已詳述於上。及北宋末葉徽宗崇寧元年，蔡京在朝，遂有採用通商法之議，(卌) 翌二年即見此法施行。據長編拾補卷二一，崇寧二年四月文中之註爲：

九朝編年備要云：蔡京爲新法鹽鈔，以通泰煮海號東南鹽，行之東南諸路。

蔡京所行之通商法，通常稱爲東南鹽鈔法。其法爲商人納見錢於榷貨務，請發鹽鈔，至鹽場（即鹽產地）換鹽，然後販賣於一定地方之府州軍。(卌一) 其運送與販賣，全由商人經營。

鹽法如此變更後，各路漕船向來由轉般倉歸途積載鹽貨之權利，隨之消失，同時，在產鹽地淮南路轉般之意義亦遂烏有。一方復以歸路空船，速力增加，假令汴河有航行杜絕限制，勢無再用轉般法之必要，不若直達法簡捷便利。據玉海卷一八二，食貨漕運文中記載；

轉般與鹽法相因。鹽法既變，回舟無所得，舟人逃散，船必隨壞。

觀上文，可知鹽法之變更，爲轉般法廢止之因子，當係事實。(卌二) 按鹽法之變更爲崇寧二年，恰當直達法開始之前年，尤足左證。

〔註〕

（卅）參考宋史卷一八二，食貨下四鹽中記載。

（卅一）參考長編拾補卷二〇。註所引之十朝綱要，又宋史卷一八二，食貨下四鹽中記載。

（卅二）據宋史卷一七五，食貨上三漕運文中紀述直達法之施行如下：

崇寧三年戶部尚書曾孝廣言：……惟六路上供斛斗，猶循用轉般法，吏卒縻費與在路折閱，動以萬數。欲將六路上供斛斗，並依東南雜運，直至京師或南京府界卸納，庶免侵盜乞貸之弊。自是六路郡縣，各認歲額，雖湖南北至遠處亦直抵京師，號直達綱。豐不加糴，歉不代發，方綱米之來，立法峻甚，船有損壞，所至修整，州縣欲其速過，但令供狀以錢給之。沿流鄉保悉致騷擾，公私橫費百出。又鹽法已壞，迴舟無所得，舟人逃散，船亦隨壞，本法盡廢。

一觀上文，似因直達法而變更鹽法，復廢止轉般法而施行完全之直達法者。但文中「公私橫費百出」前數語，又係說明施行直達法之弊。而「又鹽法已壞」下數語，復及轉般法之廢止。其辭句順序，如此排列，由轉般直達兩法時代之前後論，實有顚倒錯亂之嫌。又前示玉海之記載：「又鹽法已壞」云云等文句，與後文並不相同。若單獨考察之，斷定當初亦非一文。蓋編纂宋史者，將上列二文隨意綴合，至其順序顚倒，實爲編者之孟浪。

五、直達法

直達法，據宋史卷一七五，食貨上三漕運文中記載：

崇寧三年，戶部尚書曾孝廣言，往年……惟六路上供斛斗，猶循用轉般法，吏卒縻費與在路折閱，動以萬數。欲將六路上供斛斗，並依東南雜運，直至京師或南京府界卸納，庶免侵盜乞貸之弊。自是六路郡縣各認歲額，雖湖南北至遠處，亦直抵京師，號直達綱。

又據玉海卷一八二，食貨漕運文中：

崇寧三年七月己亥，曾孝廣立直達之法，雖湖南北，亦直至京師。因毀淮南轉般倉，概行直達。

由此可知直達法之施行，係徽宗崇寧三年之事。俟後大觀三年曾一度改用轉般法、至政和二年，又復舊觀。在靖康元年時，兩法併用，自南宋高宗紹興元年採用直達法後，遂成爲永久制度。[註] 關於此種頻與頻革之理由，於結論中詳述之。總之，此乃轉般法至直達法之過渡現象，直達法之各項規定，卽在此時期完成者。其內容參照前示之食貨志文，當能明其大概。又運輸回數可參照宋史卷一七五，食貨上三漕運之記載：

宣和二年，詔六路米麥綱運依法募官，先募未到部小使臣，及非泛補授校尉以上，未許參部人，并進納人管押。淮南以五運，兩浙及江東二千里內以四運，江東二千里外及江西三運，湖南北二運，各欠不及五釐。……

上文記載，雖爲宣和二年之事，但可推知崇寧初年之情況也。

〔註〕

(卅三) 關於兩法廢止一問題，據宋史卷一七五食貨上三漕運之記載：

大觀三年，詔直達綱自來年並依舊法，復令轉般，令發運司督修倉廒，荆湖北路提舉常平王璹，措置諸路運糧舟船。

又同書卷三五一，張商英傳中：

大觀四年……復轉般倉以罷直達。

紀述大觀四年採用轉般法。又據會要食貨四三宋漕運文中紀述再採直達法，其文如下：

政和二年十二月二十二日，發運副使賈偉節言：綱運經由多是於兩界首住滯，今來與復直達，須藉稽考。

又據宋史卷一七五食貨上三漕運之記載：

靖康元年，令東南六路上供額斛，除淮南兩浙依舊直達外，江湖四路並措置轉般。

上文爲兩法併用之紀錄。又據會要食貨四三，宋漕運之紀載：

紹興元年六月二十四日，戶部言；諸路歲起糧斛，舊制江湖轉般，兩浙直達上京。比緣軍興，淮南轉般倉廒燒燬殆盡，其江湖糧，自今權宜直達赴行在。詔……自今依舊直達法施行。

結論

由此可以窺知靖康至紹興之變革情況。參閱前文，紹興之變革爲軍興後，將轉般倉燒燬，當係表面之見解。

以上五章，縷述北宋漕運法。約言之，欲明瞭轉般直達兩法之內容及其興廢緣由，當考察當時社會的經濟的情況。茲就兩法批判檢討之，以代結論。

就兩法之本身言，依照下列三理由，當以轉般法爲勝：

（1）在貨幣經濟尚未顯著發達之時代，米粟漕運爲國家存立之基礎條件。爲期輸送大批漕米與定額不缺之便利，自以貯藏代發之轉般法爲勝。

（2）六路漕運輸送距離過大，故有施行轉般法之必要。

（3）運輸漕船來往載貨，頗合經濟原則，此條件爲轉般法備具者。

茲更進一步考察當時之情狀，宋初以來之交通與經濟，如何適於轉般法，及對該法之影響，已述於上，可知轉般法之改行直達法，原爲自然的推移。崇寧三年採用直達法後，數十年間，兩法時與時革，一見頗足異。要之，已捲入當時黨派之漩渦與蔡京一派新法黨對立之舊法黨執政時，則施行轉般法，惟就大勢言，已至實施直達法之時代。至其證據，可參看宋史卷三五一張商英傳：

大觀四年……尚書右僕射（蔡京），久盜國柄，中外怨疾，見商英能立同異，更稱爲賢，徽宗因人望相之。

又宋史卷二〇，本紀同年中記載：

五月甲子，貶蔡京爲太子少保……六月乙亥，以張商英爲尙書右僕射。

大觀四年採用轉般法，同時貶蔡京，而舊法黨之商英就相位，又政和二年復採直達法，同時蔡京代商英，二者實有密切關係。宋史卷二一，本紀中：

政和二年……八月丁未，張商英罷。

又宋史卷四七二，蔡京傳中所紀：

政和二年，召還京師，復輔政，封魯國。

其後宣和七年蔡京雖失勢，提議採用轉般法，仍未能實現，翌年（靖康元年）兩法併用，其時當局向子諲，據宋史卷一七五食貨上三漕運文中明述其意見，雖十分贊成採用轉般法，結果祇二法併用。至南宋紹興元年，直達法卽爲永久制度。其事經緯，以上述情形考察之，當無錯誤。

後世對安石一派之新法黨，多所指摘，就中以蔡京爲最。評論其實施之政策時，由宋史起，均以貪婪罪之。其貪婪劣蹟，固昭昭明甚，無待疑者，但以此二字，評其一生行動，實爲不當。按當時金倔起於滿洲，遼國勢亦非昔比，與割據西方河西之西夏同爲邊患，是時宋之北部同時吃緊。在此戎馬倥偬中對於邊軍糧秣之充足，迫不待緩，不得已由充當運輸之商人，輸納見錢，給以鹽票。以此豐富見錢與發行鹽票暫救一時之急，就維持國勢論，實爲當時必要手段，且其時中央財政，異常竭蹶，勢非設法補救不可。今以漕運一事，以決其貪婪，實爲過當。至徵收發運司糴米本錢，安知其非塡補中央之財政者。且採用鹽鈔法，一方得靈活商人之邊糧運輸（付與鹽鈔之貼水，）一方使全體鹽商將鹽價納入京師榷貨務中，中央得此豐富財源，始得實行其他與國大計。著者認爲如此解釋，方爲適當，況其時轉般法之改行直達法，乃時勢所趨，爲自然的推移，與蔡京何尤。

附錄二

明末之軍餉

清水泰次

一、邊鎮——二、軍餉與加派——三、軍餉之膨脹與內帑——四、加派過重

一、邊鎮

亡明者流賊，導明亡者宦官與北虜也。蓋宦官吸吮生靈膏血，而北虜促成財政之破綻者。茲就後者所生之軍餉考察之。

北虜雖受太祖成祖之攻略仍不失其勇氣。元自一次生活於內地後，時有恢復本來生活與昔日面目之感。盤據漠北漠南，率其餘勢，侵犯明境者屢次。職是之故，明初曾設置都司或行都司，一方維持地方治安，一方負責防衛。結果，未見成效。在永樂初年，大寧都司即退避內地，以致遼東與開平

之聯絡斷絕且使京師東北面暴露於外敵。及至宣德中年，更棄開平徙獨石。因之河套失守，危及甘肅。至此，於都司制度之上復設邊鎮制度以統之。

然事至今日，有其久遠歷史。在此久遠之過程中，足見明之苦悶情景。明自受當面外敵之壓迫，逐漸促成邊鎮制度之發達。通常稱明之邊鎮有九，惟此爲長久歷程之一斷面，欲細究各段層級之事實，則猶不止此數。據明史兵志三，邊防條劈頭即言：

元人北歸，屢謀興復。永樂遷都，北平三面近塞。正統以後，敵患日多。故終明之世，邊防甚重。東起鴨綠，西抵嘉峪，綿亘萬里，分地守禦。初設遼東，宣府，大同，延綏四鎮，繼設寧夏，甘肅，薊州三鎮，而太原總兵治偏頭，三邊制府駐固原，亦稱二鎮，是爲九鎮。

可知九鎮非一次設定，係經過三段逐漸增加者。但依照其他調查，猶不止此數。據大政纂要卷六二，隆慶三年十一月戶部尚書劉體乾之上言：

國家備邊之制，在祖宗朝，止遼東，大同，宣府，延綏四鎮，繼以寧夏，甘肅，薊州爲七，又繼以固原，山西爲九，今密雲鎮，昌平，易州，俱列戍矣。

文中除九鎮之外，復敍述密雲昌平易州三地，可知由九鎮而爲十二鎮矣。

惟據武備志所載，仍稱九鎮。除密雲昌平易州三地不待論外，他若保定，永平，井陘等悉總括於薊州鎮之內。試觀該志卷二〇四，鎮戍條：

薊州昌平保定密雲永平井陘，（文中似脫落易州）已上七處，俱總稱薊鎮。

此種記載，吾人甚難贊同。自設置九邊鎮後，不問何時俱爲九邊鎮，而混將昌平以下之六邊鎮，總括於薊州鎮中，似有記載失實之嫌。

吾人所以敢如是斷言者，以武備志一方如此主張，一方復明記於薊州外之昌平保定二地，各駐劄鎮守一員。就中雖未言密雲易州永平井陘有無駐劄人員，但昌平保定設有鎮守，自爲獨立之邊鎮，毋待雄辯矣。何以故？據大明會典鎮戍一所記：

凡天下要害地方皆設官統兵鎮戍。其總鎮一方者，曰鎮守。一路者，曰分守。獨守一堡一城者，曰守備。與主將同守一城者，曰協守。

由上文觀，可知薊州之鎮守，與昌平保定者資格相同，初無何等高下分別。既俱爲一方總鎮，其非隸屬薊鎭，當無疑義。且會典於上揭之記載後，迄不明言九邊鎭，且時時敍述與薊州鎭對立昌平鎭或保定鎭，由此更可斷言其爲獨立邊鎭，而非總括於薊州鎭或合併於薊州鎭者。

如上所論，都司制度之外，復有邊鎭制度，因此發生與市政使按察使鼎立之都指揮使，網羅鎭守總兵官。至邊鎭之設置，如普通一般的推斷，可知其自始至終並非即爲九鎭，由四鎭而七鎭，更由七鎭而九鎭，自後復增設若干。職是之故，吾人常想以唐朝藩鎭制度與其節度使等情形相比擬。惟唐之藩鎭，雖促成亡國，然當時猶具有抑制契丹侵入之兵力與財力，而明之邊鎭，旣乏防禦北虜力量，復以邊鎭之軍餉導明沒落。其不同者在此，其可悲者亦在此也。

二、軍餉與加派

明初軍餉，專恃屯田，爲其原則。至北方磽瘠之地，不敷給養者，補給鹽米。其法商人運米北方，同時支給內地之鹽。但歷久而制度變，因之經濟狀態亦隨之變化。自廢止軍兵屯田代以民屯後，鹽米制度，亦由米之經濟一變而爲銀之經濟矣。換言之，卽政府不送米而送銀。同時，北方不得不自權其輕重。

甘肅雖與西域之交通史上，有重大關係，然當時已棄新疆之原野，傾注南海之貿易，於是其重要性亦漸消失。積極言之，運送若干軍餉，無千里之遙；消極言之，專圖自給自足之一法。據大明會典鎮戍條中之記載，在寧夏設有管理水利屯田都司一員，而其他邊鎮則無。可知甘肅方面之屯田，是圖自給自足者，當無疑義。

反之，以京師爲中心之陝西，山西，直隸，遼東等邊鎮，負有重大任務，所需餉額之鉅，傾全年歲入，就不足當其半。其膨脹由蒙古入寇始，至滿洲入關方行終止。

蒙古至俺答汗時，勢力激增，屢次北犯。由嘉靖二十一年起，發見二十九年遂迫都城。據明史食貨志所載：

二十九年俺答犯京師，增兵設戍，餉額過倍。三十年京邊歲用至五百九十五萬，戶部尚書孫應奎，蒿目無策，乃議於南畿，浙江等州縣，增賦百二十萬，加派於是始。

在此之所謂「加派於是始」，並非指稱尋常之加派，可視作特開之新紀元。由常識測度，此種加派，若僅爲附加稅或增稅，則「無加派於是始」一語之必要。尋常之加派，已爲洪武初年以來所常行者，無足驚疑，著者已於東洋學報中詳論之矣。試取明會要卷五四加派條觀之即知。玆引用資治通鑑綱目三編其記述如下：

正德九年十二月，營乾清宮，加天下賦百萬。

可知在嘉靖三十年以前已有加派事實之存在，而在此特筆「加派於是始」者，蓋察知當時軍餉之逐步膨脹，將一發不堪收拾也。

其次考察軍餉之事實，據明史孫應奎傳所記：

遷戶部侍郎進尚書，俺答犯京師後，羽書旁午，徵兵餉，應奎乃建議加派。自北方諸府暨廣西貴州外，其他量地貧富驟增銀一百十五萬有奇。

此與食貨志所記相同，俱言兵馬倥偬京師累卵之際，爲濟一時之急而行增稅。但熟察前後情節，猶不如此簡單。其中兵部與戶部間，似有言外之抗爭。宣洩此事者，可觀大政纂要卷五五，嘉靖二十九年七月：

御史曾佩奏：戶部則言，軍多缺伍，弊在額外加贏。兵部則言，民多逋負，弊在額內虧耗。乞行諸司評議。上謂：國用空乏，內則由有司催徵之不時，外則由邊臣支用之無度。……戶部尚書潘潢等議言，是後會計歲用，先儘民屯二糧開中鹽引及稅課等項，通融計算，裒多益少，或有非常，蠲減方許奏發帑銀。上曰：帑存空乏，邊計奏討不已，茲當求處之之法。是議含糊，未見處分，其再會官，許查各項弊端，務求定論。潢乃更列九邊兵馬錢糧，爲十七事以上；上曰：是議乃浮濫，未有定處。於是科道葉鏜馮章交章劾潢，漫漶不均時宜，潢亦上疏謝罪。上謂：潢職司邦計，乃偏執自用，命調南京，以士翱代之。

結果以全部責任，委之戶部。承繼潘潢之戶部尚書爲李士翱，據明史之七卿年表，七月任事八月卽罷免。其理由詳見於明朝紀事本末庚戌之變中：

時變起倉卒，諸務未備，勤王師各輕騎馳至，未賚糗糧。制下犒師牛酒諸費，皆不知所出。戶部文移往復二三日，軍士始得數餅餌。開庾發米，則囊釜甑皆無所需，故士卒饑疲。都督陸炳言：戶部臣失預計，軍興糧餉不支，士多餒死。帝怒，奪尚書李士翱以下諸官職，戴罪辦事。

試觀上文，可知士翱之罷免，全爲兵部之強力彈劾。復以國家多事，免職留任，可謂悲壯之至。及至該年十月，遂由孫應奎任戶部尚書。此時之戶部，鑑於以前事實，勢非容納兵部方面之要求不可。加派政策，卽於此時發其端。

惟當時各方對於加派反對甚烈，觀孫應奎傳中所記，卽可證明：

而蘇州一府乃八萬五千。御史郭仁，吳人也。詣應奎請減，不從，仁遂劾奏。應奎疏辨。帝以仁不當私屬，謫之外。

在加派總額百十五萬中，蘇州一府竟占八萬五千，想見其負擔之重。幸有御史郭仁，出身其處，遂利用職權作減稅運動。但不見容納，且行貶抑。足證加派有迫不及待之緊急也。

三、軍餉之膨脹與內帑

自此具有特種意義加派出現後，卽一發不堪遏止，加速度昂進。關於此層，國家亦猶個人，不問爲精神的行爲或物質的金錢，在某一程度下，猶能自重，及至一度破戒，則如食被禁之毒果，由痲痺狀態而一徑踏入破滅之淵泉，不能自拔矣。

明末軍餉，因不足而加派，其事尤爲顯著。自食貨志「加派於是始」以後，卽源源不絕，接踵而來，竟至「連歲」如是：

京邊歲用，多者五百萬，少者三百餘萬，歲入不能充歲出之半。由是度支爲一切之法，其箕斂財賄，題增派括，贓贖算稅，契折民壯，提編均徭，推廣事例興焉。

他若孫應奎傳：

既而國用猶不足。應奎言：今歲入二百萬，而諸邊費六百餘萬。一切取財法，行之已盡。……嘉靖三十一年正月，命應奎條上京邊備用芻糧之數。應奎言：自臣入都至今，計正稅加賦餘鹽五百餘萬外，他所搜括又四百餘萬。而所出自都邊年例二百八十萬外，新增二百四十五萬有奇。修邊振濟諸役又八百餘萬。

其初歲出少則三百萬，多則五百萬。無何，僅諸邊費一項已達六百萬。嘉靖三十一年，諸邊年例二百八十萬，加上新支出二百四十五萬，合計五百二十五萬，再加修邊振濟諸役八百餘萬，共合千三百餘萬兩。若與明史食貨志所載之世宗中年比較：

世宗中年，歲支多者，不過二百萬，其少者僅七八十萬。

不禁有今昔之感、其前後相差之甚，觀此當能思過半矣。

據孫應奎傳所載：帝至此，疑其耗費過多，恐有中飽，彼遂不得不出於辭職一途。由中國人氣質與其時情勢觀之，似有不得不然之苦衷在。其傳中言：

帝以耗費多，疑有侵冒，分遣科道官往諸邊覈實。給事中徐公遴，劾應奎粗疏自用。遂改南京工部尚書。以方鈍代。

又據大政纂要嘉靖三十一年正月：

戶工二部奏上京邊備虜銀數，戶部銀計，自二十九年十月起，迄於是月，諸項支費共八百餘萬。工部銀計，工食料價共三十四萬五千兩。上以費用過多，疑其中必有虛冒侵尅者，乃分遣給事中王國禎曹禾御史徐紳，陳觀衡各勘實參劾以問。

文中數字雖與前紀有出入，然帝之起疑，派員勘實，初無二致。查七卿年表中孫應奎於是年五月罷職，由韓士英繼任，未蒞任即罷，而孫應奎傳中則言代以方鈍，韓士英無傳，無從窺知個中眞相。以意測之，恐係士英鑒於措置艱難而退避者。故如應奎傳所記，卒以方鈍代之。

方鈍之居戶部尚書職，迄至嘉靖三十七年三月，其使命在使歲用漸減，觀大政纂要嘉靖三十七年二月所記，即能察知：

每歲調兵遣戍中外所增兵馬數多，餉額增倍。及乙卯（三十四年）丙辰（三十五年）間，而宣大虜警益急，一切募軍振卹等費，咸取給內帑，歲無紀極。故嘉靖三十年，所發京邊歲用之數，至五百九十五萬，三十一年五百三十一萬，三十二年四百七十三萬，三十三年四百五十五萬，三十四年四百二十九萬，三十五年，三百八十六萬，三十六年，三百二十萬。計太倉歲入二百萬之額，不能充歲出之半。

此不過一時之休止，其後又入放漫道中，卒致不可收拾。試觀實錄中關於京師附近之邊鎮記事：

嘉靖四十年正月，戶部尚書高耀，會計各邊應發年例軍餉銀，大同四十四萬七千兩，宣府二十四萬兩，山西十四萬兩，延綏二十七萬五千兩，易州五萬三千兩，薊州三十七萬四千兩，密雲十四萬五千兩。昌平六萬五千兩。

總計上數，共百七十三萬九千兩。此記事單獨觀之，無甚意味，須與下列記事對照，始能察知其實況：

嘉靖四十年六月甲申戶科都給事中鄭藏言：各邊錢粮虛糜之甚，奏討之多，莫有過於薊鎮者。近該總督許綸奏，密雲昌平二鎮年例餉金，俱防秋時用盡。防秋用二十二萬有奇。臣查嘉靖三十六年邊餉，密雲止八、九萬，今三十四萬有奇。昌平鎮止三，五萬，今十四萬有奇。何前後懸絕？

將年例之定規支出，僅足防秋一時之耗費，可知額外臨時耗費之多。查三十六年度密雲僅八、九萬，至四十年度增爲三十四萬。昌平三、五萬，增爲十四萬。在四年之中，陡增四倍，膨脹之甚，殊足驚人。

如是膨脹之軍餉，究用何法應付？其先則以南畿浙江等州縣之增稅百二十萬兩，以事唐塞，及後則如前記「其箕斂財賄題增派括贓贖算稅契折民壯提編均徭推廣事例興焉」：惟其中各事所行程度之輕重，以無史册可查，不知其詳。所能察知者如「累年積逋無不追徵，南方本色逋賦，亦皆追徵折色矣。」等怨言之記事。就中尤以：

是時（嘉靖三十七年前後）東南被倭，南畿浙閩多額外提編，江南至四十萬。提編者加派之名也。……及倭患平，應天巡撫周如斗乞減加派。給事中何煃亦具陳南畿困敝，言軍門養兵，工部料價，操江募兵，兵備道壯丁，府州縣鄉兵，率爲民累，甚者指一科十。請禁革之。命如煃議。而提編之額，不能減。

爲甚。卒依何煃之議，將軍門養兵，工部料價，操江募兵，兵備道壯丁，府州縣鄉兵之稅革除。至提編則不容如斗之請照常進行。惟據嘉靖實錄四十二年八月巳丑：

巡捕應天周如斗言：江南自有倭患以來，應天蘇松等處，加派兵餉，銀四十三萬五千九百餘兩。今地方已寧，乞減三分之一，少甦民困。戶部覆言，加派兵餉，原以濟急，事已宜罷，不但當減徵分數而已，請下酌議，悉除之。報可。

戶部主張全部免除，以致軍餉來源漸少。除明史食貨志所言一法外，惟有求之於內帑。關於內帑金之史實與政府之財政不同，頗乏確實史料可査。祇得從旁攷證，以助讀者了解。據典故紀聞卷一七所載：

嘉靖時，兵部尚書潘潢，因鎮巡官以召募新軍疏請加餉言：國初各邊錢糧取辦民屯二種，馬料取之採青牧放，歲有常供，未嘗告乏。邇者民糧逋負，屯種廢弛，而動請內帑，虛腹心以奉四肢，非完策也。

文中僅「嘉靖時」不知究指嘉靖何年，無從推測。據七卿年表，潘潢任戶部尚書而未為兵部尚書，恐係典故記聞之誤也。查潘潢之任戶部尚書，是嘉靖二十八年至九年，適為食貨志中「加派於是始」之時。由此可以測知當時因民糧屯種不足，補以內帑之事實。

其次，典故紀聞於述嘉靖三十八年之事後記敍如下：

九邊舊無客兵，止有主兵，歲派民運屯鹽，足以自給。後因民運多逋，屯鹽漸弛，又客兵調遣不常，遂致奏討數多，中間糜耗特甚。世宗一日諭戶部曰：朕見諸邊疏請內帑，想初因急需，後遂援為口實。

由此觀之，最初以事急而仰給於內帑，原為非常時之救急辦法。其後漸視為成例，不問事之緩急，勵輒請發內帑。

其後不僅一切軍餉仰給於內帑，且耗用無度，涉及浪費。如嘉靖實錄四十二年四月之記載：

庚申戶科給事中何煃等言：各邊巡捕……十餘年來，因仍故習，視內帑如棄餘，以請討為得計。……如山西巡撫楊宗爊，計見在兵粮已十五萬，仍討銀五、六萬。宣府巡撫趙孔昭，計兵粮見已足用，仍討銀五十萬，此何為哉。

四、加派過重

明自放任甘肅聽其自生自滅後，繼有河套至薊州亦委北虜之跋扈。至其軍餉，一方賴加派，一方復補以內帑。其後而遼東之女直起。遼東自豐臣秀吉寇擾朝鮮以來，秩序失常。遂發生如滿洲族之讖語：「女直萬騎禍中國」，同時，明亦盡力防禦，以致兵力與軍餉皆遭阻礙，加派既已困難，內帑亦見澀滯。迫不獲已，增稅者再，不再問其是非曲直矣。其事實如明史之食貨志所述：

至（萬曆）四十六年，驟增遼餉三百萬。時內帑充積，帝靳不肯發，戶部尚書李汝華乃援征播例，加三釐五毫，天下之賦增二百萬有奇。明年復加三釐五毫。明年以兵工二部，請復加二釐。通前後九釐增賦五百二十萬，遂爲歲額所不加者，畿內八府及貴州而已。

三年內前後增稅三次，計增九釐，年獲五百二十萬兩，以充歲出。明史李汝華傳中亦詳述之：

明年四月，兵部以募兵市馬工部以制器再議增賦二釐爲銀百二十萬。先後三增賦，凡五百二十萬有奇，遂爲歲額。

查前記食貨志之引人注意者爲「時內帑充積帝靳不肯發」一語。按當時軍餉來源，素仰加派與內帑二者。至此突言「帝靳不肯發」，探其言外之意，似抱不滿。即李汝華傳中亦言：

遼東兵事興，驟增餉三百萬。汝華累請發內帑，不得，則借支南京部帑，括天下庫藏餘積，徵宿逋，裁工食，開事例。而遼東巡撫周永春請益兵加賦，汝華議天下田賦，自貴州外，增銀三釐五毫，得餉二百萬。

文中亦記請發內帑不得，不平態度宣洩無遺。吾人對此除向例不發內帑，稍有疑問。依照平常習慣，早已奏請內帑，何以頑迷之天子，竟不肯發，誠難索解。據通鑑綱目三編萬曆四十六年六月之記載：

戶部奏遼餉，會議三百萬兩。今內帑已發一百萬兩，南京兵工部五十萬兩，冏寺水衡八十萬兩，共止二百三十萬兩，此中未解者尚多。

依照前文，內帑已發百萬兩，由此可以窺知其眞相之一部份。蓋從來盡恃內帑應付，今僅出三分之一，在此兵馬倥傯之際，當局者對此遂抱不平。至食貨志之所謂「時內帑充積」者，當爲一種反宣傳耳。此種推測，當屬無誤。三百萬遼餉，二百萬以增稅，一百萬以內帑，而李汝華傳中則言借支南京部帑，但依通鑑綱目三編之說明，南京戶兵工部僅五十萬兩，尙多未曾送解，可知汝華苛斂手段，尙感不足。至此遂有擴張全國一律加派之必要。

全國加派，以通鑑綱目三編記載最忠實，茲引錄於左。其題爲「萬曆四十六年九月加天下田賦」：

戶部以遼餉缺乏，援征倭征播例，請加派直省正賦。惟貴州地磽有苗變不派。其浙江十二省，南北直隸照會計錄所定田畝七百餘萬頃，每畝權加三釐五毫，實共派額銀二百萬三十一兩有奇。軍務竣時，卽行停止。從之。

至於各省實際加派數目，則如下表；

浙江派銀	十六萬三千四百三十九兩四錢三分八釐
江西派銀	十四萬四百二兩九錢四分四釐
湖廣派銀	三十三萬三千四百二十兩九錢一分一釐
福建派銀	四萬六千九百七十八兩七錢五分二釐
山東派銀	二十一萬七錢四分五釐
山西派銀	十二萬八千八百十三兩七錢四分五釐
河南派銀	二十五萬九千五百五十二兩八錢三分一釐
陝西派銀	十萬三千五百二十三兩四分七釐
四川派銀	四萬七千一百八十九兩六錢八分五釐
廣東派銀	八萬九千九百一兩七錢八分七釐
廣西派銀	三萬二千九百兩二錢六分一釐

雲南派銀　六千二百九十七兩七錢五分五釐

南直隸派銀　二十五萬九千六百二十四兩四錢四釐七毫

北直隸派銀　十七萬二千二百九十二兩六錢五分八釐七毫五絲

關於四十七年之加派，同書亦有記述。題爲：「冬十二月再加天下田賦」

姚宗文請，於舊加之外，以明年一月爲限再於直省田地，按畝加派。於是復加三釐五毫，增二百萬有奇。

文中「直省」二字，是指南北二直隸及各省之意，此名詞迄至淸代尚沿用之。翻閱主張者姚宗文傳（明史閹黨閻鳴泰之附傳）對此事未提及，無從參證，甚爲憾事。至最後四十八年之加派，依經略熊廷弼之上奏，而三月加派者，詳情同上，毋容贅述。

三次加派，遍及全國。惟精細言之，四十六年則以貴州爲例外。據明史食貨志所載：

明年復加三釐五毫，明年以兵工二部請，復加二釐。前後九釐，增賦五百二十萬，遂爲歲額。所不加者，畿內八府及貴州而已。

然畿內八府在四十六年仍加派十七萬餘，參看前表即知。至其後二年，則不明瞭。或就中免派一次或二次，亦未可知。

總之，自遼東軍興以來，連歲三度加派，至此可知嘉靖二十九年之「加派於是始」之意義矣。自開加派之序幕後，連續不絕一再行之，卒導入最後之悲境中。趙翼二十二史劄記「明末遼餉，剿餉，練餉」一題下詳記：

崇禎二年，又以兵餉不足，兵部尚書梁廷棟，請增天下田賦。戶部尚書畢自嚴議，於每畝加九釐之外，（此即萬曆中所加）再增三釐。（梁廷棟畢自嚴傳）十年楊嗣昌又請增二百八十萬。舊額之粮，每畝加六合，計石折銀八錢。帝乃下詔，不集兵無以平賊，不增賦無以餉兵。其累吾民一年。當時謂之剿餉。剿餉期一年而止。十二年餉盡而賊未平，於是又從嗣昌及督餉侍郎張伯鯨議，剿餉外又增練餉七百三十萬。先後共增千六百七十餘萬。（嗣昌傳）十五年，蔣德璟對帝曰：既有舊餉五百餘萬，新餉九百餘萬，又增練餉七百三十萬，臣部實難辭咎。今兵馬仍未練，徒為民累耳。（德璟傳）

細味上文語氣，明朝之處日暮途窮境中昭然。無何，遂演最後悲劇，再難苟安。伊誰之過，由閱者自判之。